O MUNDO COMO EU VEJO

Proibida a reprodução total ou parcial em qualquer mídia
sem a autorização escrita da editora.
Os infratores estão sujeitos às penas da lei.

A Editora não é responsável pelo conteúdo deste livro.
O Autor conhece os fatos narrados, pelos quais é responsável,
assim como se responsabiliza pelos juízos emitidos.

Consulte nosso catálogo completo e últimos lançamentos em **www.editoracontexto.com.br**.

O MUNDO COMO EU VEJO

Leandro Karnal

Copyright © 2018 do Autor

Todos os direitos desta edição reservados à
Editora Contexto (Editora Pinsky Ltda.)

Foto de capa
Régis Filho

Montagem de capa e diagramação
Gustavo S. Vilas Boas

Revisão
Lilian Aquino

Dados Internacionais de Catalogação na Publicação (CIP)

Karnal, Leandro
O mundo como eu vejo / Leandro Karnal. –
1. ed., 4ª reimpressão. – São Paulo : Contexto, 2023.
272 p.

ISBN 978-85-520-0060-0

1. Cultura – Crônicas 2. Filosofia – Crônicas
3. Crônicas brasileiras 4. Psicologia social I. Título

18-0629 CDD 306

Andreia de Almeida CRB-8/7889

Índices para catálogo sistemático:
1. Cultura – Crônicas

2023

Editora Contexto
Diretor editorial: *Jaime Pinsky*

Rua Dr. José Elias, 520 – Alto da Lapa
05083-030 – São Paulo – SP
PABX: (11) 3832 5838
contato@editoracontexto.com.br
www.editoracontexto.com.br

No decorrer dos textos que vocês lerão, faleceu minha mãe, a 25 de novembro de 2017. A última crônica é sobre a data. O livro é dedicado à memória de Jacyr Karnal (1937-2017), que aproveitou sua rápida vida de 80 anos para transformar muitas pessoas. Ela jamais imaginou a falta que faria a todos nós. No cemitério do Père-Lachaise, li para ela a frase de um túmulo famoso que continha parte da convicção religiosa de dona Jacyr: "Nascer, morrer, renascer ainda e progredir sem cessar, tal é a lei". Meus livros, querida mãe, são uma maneira de você renascer sempre. A eternidade é uma forma de descrever o amor materno.

Sumário

Prefácio   **11**
Valderez Carneiro da Silva

Introdução   **15**

Crônica prévia: A decisão de ler   **19**

PARTE UM
Cotidiano em um mundo líquido

Só mais uma, para garantir!   **25**

Eu não o ouço e você não me vê   **29**

Línguas de veneno
    e *bites* de maledicência   **33**

A cobra vitoriosa   **37**

Estratégia para a crise   **41**

A arte de corrigir o mundo	45
Somos livres?	49
Tem suco de quê?	53
Beber e viver	57
Afeto e bactérias	61
Atenção, passageiro, esta é a última chamada	65

PARTE DOIS
A família e o tempo

A mãe dele e a minha	71
A segunda chance	75
Crianças e Jerusalém	79
Carta ao pai	83
Histórias e crianças	87

PARTE TRÊS
História e memória

Houve escravidão no Brasil?	93
O direito de papel	97
Quando São Paulo parou	103
Intelectuais e política	107
Intelectuais: modo de usar	111
Em cima de quem cai a Bastilha?	115
A possessão demoníaca e a do capital	119

As rugas da memória	**123**
A magia do amor	**127**
O longo verão coreano	**131**
O futuro do pretérito	**135**
Em busca do tempo perdido	**139**
Velhas estátuas e velhas ideias	**143**
Explicação para futuro	**147**

PARTE QUATRO
Meu Brasil brasileiro

O que eu vejo das margens plácidas	**153**
A conta do almoço	**157**
SP e BR	**161**
Uma cidade sem letras	**165**
O local, o nacional e o universal	**169**
A República brasileira de um Mourão a outro	**173**
Medo ou esperança	**177**

PARTE CINCO
O mundo como eu vejo

Solitários entre monstros	**183**
Oração aos moços que envelheceram	**188**
A cidade e as serras	**192**
Crianças, cachorros e deuses	**196**

Presos em si	200
Solidão real e virtual	204
Da utilidade dos advogados	211
A alta cultura, a média, a baixa e a nossa	218
Quando algo termina?	224

PARTE SEIS
A fé dos religiosos e dos ateus

O livro dos livros	231
Desgostos de agosto	235
A cabeça do ateu	239
A bênção, padre Fábio	243
Sobre quem tem certeza e quem não tem	246
Santos e finados	250
Os nove convidados do Natal	253

PARTE SETE
A música do mundo

A vida do som e o som da vida	259
Santa Cecília e o governador Alckmin	263

Epílogo: Réquiem	267
O autor	271

Prefácio

Receber um convite de Leandro Karnal para escrever o prefácio de um livro seu é tarefa honrosa e arriscada. Afinal, o historiador da Unicamp é autor de vários livros que ocupam o lugar de mais vendidos no país, durante meses a fio, e é figura conhecida da mídia.

Conheci Leandro há 27 anos, quando ambos dávamos aulas em uma faculdade de Letras, tradutores e intérpretes em São Paulo. Como economizar adjetivos para descrevê-lo, se ele merece-os todos? Lembro-me de tardes de sábado em que ficava mesmerizada pela facilidade com que entretia os alunos por horas sem fim. Ele, constantemente, reitera que ama ensinar e isso fica patente ao assistir a suas aulas, palestras e encontros ministrados com raciocínio rápido, verbo fluente e comparações e analogias abundantes, fora o humor com que tempera seus exemplos. A impressão recorrente é a de um caleidoscópio mágico, onde as figuras se sucedem em um vórtice extraordinário.

Este é o segundo livro de crônicas publicadas no Caderno 2 do *Estado de S. Paulo*. Escrever semanalmente para jornais exige criatividade e sensibilidade para intuir o que possa despertar e "viciar" o leitor deste mundo tão "líquido"! O que há de singular em suas colunas? Elas são versáteis e expressam a cultura vastíssima do cronista nos mais diferentes campos do conhecimento. Seu estilo é objetivo, plástico e dinâmico, não há supérfluos. Leandro Karnal, historiador, filósofo e professor, tanto discute aspectos da política brasileira, atualizando dados e esclarecendo pontos nevrálgicos, quanto coloca sob um prisma novo fatos esquecidos da história nacional, bem como envereda pelos caminhos dos acontecimentos internacionais com atualidade e argúcia. A consciência com que estabelece pontes entre as várias estórias que compõem a história provoca e arrebata o leitor. Embora autodenominado ateu, é capaz de discorrer com relevância sobre religião e espiritualidade. Algumas das crônicas que envolvem o sagrado são delicadas, quase sublimes. Outras que retratam flagrantes do cotidiano divertem e permitem espiar com simpatia por trás da *persona* do intelectual leopoldense ou capilé.

Os textos instigantes revelam equilíbrio e isenção de paixões. Leitores voltados para polarizações, tão em moda na atualidade, são convidados a abandonar a leitura de suas crônicas se já decidiram, *a priori*, enquadrá-lo nesta ou naquela posição. Leandro acredita no diálogo inteligente, no debate das ideias e na busca pelo conhecimento constante.

A ironia fina de algumas colunas é amenizada pela sensibilidade explícita daquelas em que a memória revisita cenas da infância do menino de São Leopoldo. Ainda que o lembrado seja sempre um palimpsesto, no caso de Leandro, o palimpsesto é erudito e indispensável. Assim como a peça *Hamlet*, de William Shakespeare, não termina ao cair o pano na última cena, Karnal, inseminador fértil, nos faz anelar pela próxima coluna com desejo insaciável. Diríamos que "o resto não é silêncio", pois suas crônicas continuam a reverberar em nossa consciência muito tempo depois de encerrada a leitura.

A musa Clio jamais abandona nosso historiador, e as tesselas-histórias do mosaico vislumbrado estão em processo de constante devir. A viagem vai continuar, aproveite.

Valderez Carneiro da Silva (tradutora)

Introdução

Em 2017, a Contexto deu-me a honra de acolher os textos do primeiro ano de trabalho para o jornal *O Estado de S. Paulo*. O livro chamou-se *Diálogo de culturas* e reuniu 54 crônicas. Na verdade havia um pouco mais, porque as colunas que se estenderam por duas edições do jornal formaram um único capítulo na obra.

A experiência da crônica duas vezes por semana é uma divisória tensa entre a alegria de escrever e a pressão de prazos e temas. Ser acessado por milhões de pessoas em papel e pela internet piora a angústia e a responsabilidade. Organizar ideias e dar-lhes forma é, como já foi dito por pessoas mais hábeis do que eu, a arte de cortar mais do que a arte de escrever.

Criei uma divisão que, de alguma forma, constitui o leque básico sobre o qual discorro. Foram sete campos fruto dos meus interesses e dos limites e possibilidades da minha formação. Sete setores que podem agrupar em ilhas distintas o arquipélago do meu mundo e como minha visão dialoga com outras ilhas. Sim, sempre há algo de aleatório na organização posterior de linhas conceituais ou vetores de sentido, ainda que existam no meu projeto.

Chego ao segundo ano agradecido aos leitores, aos quais dediquei o volume de *Diálogo de culturas*. O leitor é um bom julgador quando se alegra e quando se irrita. Ele existe como conceito e como comunicação real. Tenho quem me ame por princípio e, claro, desenvolvi os *haters* sistemáticos. A rigor, ambos me procuram e analisam. Um dos aprendizados da grande mídia é que a responsabilidade do autor sobre o texto é vaga. Solto ao ar, como pluma de cinco mil toques, desperta tudo ao sabor de um vento subjetivo. O mais interessante, quase sistemático, é que a mesma crônica recebe uma reação indignada por eu ser um comunista fanático e militante de esquerda, e, da mesma forma, idênticas letras levam alguém a me achar reacionário e um aristocrata de direita. É um gesto de humildade do autor não querer dominar ou dirigir a hermenêutica do leitor. Ela pertence ao imponderável e ao subjetivo. Não preciso recorrer à autoridade de Roland Barthes ou de Umberto Eco, também a seu tempo escritores de grande mídia. Mais grave: se eles que eram definidores gigantes de cultura tiveram o problema, muito mais eu deveria sofrer o caráter aberto de todo signo. E há que se considerar que talvez os que me apontam militância de esquerda ou reacionarismo estejam corretos, pois notam tanto minha vontade de combater desigualdade e racismo como percebem meu afeto pela cultura clássica e por arte. Gosto de supor que isso me torna mais humano do que contraditório. Como a GH de Clarice Lispector, estou tentando entender. Mais uma vez recorro ao meu estimado leitor e à minha querida leitora: discordem, concluam, concordem ou lamentem, mas sempre leiam e formem sua própria peça multifacetada da aventura do saber. A magia do conhecimento é maior do que todos nós.

Agradeço à Editora Contexto, que foi pioneira em ver algum valor em mim. Agradeço ao jornal o *Estado de S. Paulo*, que reconhece ampla, absoluta e respeitosa liberdade de temas e enfoques. Editoras e jornais livres e independentes tornam o trabalho de pensar mais fácil. Ambos colaboram muito para construir a complexa e claudicante democracia brasileira.

Um agradecimento especial a três pessoas fundamentais em minha vida. Com elas troquei ideias, pedi sugestões e delas recebi revisões sempre necessárias. Luiz Estevam de Oliveira Fernandes, Rose Karnal e Valderez Carneiro da Silva (que assina o prefácio) ajudam-me imensamente na tarefa de lapidar textos. Muito obrigado aos três. Imprensa livre, como eu disse, garante que exista espaço para se dizer algo. Amigos garantem que haja um sentido em comunicar. Aos três, minha gratidão afetiva como amigo e aprendiz.

CRÔNICA PRÉVIA:
A decisão de ler

Os jovens passam o dia lendo. A frase deveria animar todos, só que não. São mensagens monossilábicas em celulares, acrescidas de pequenas imagens, um jejum de ideias e abundância de onomatopeias. Desde o momento em que abrem os olhos, incluindo os períodos no banheiro, os aparelhos estão diante dos olhos. Polegares rápidos disparam sem cessar.

A maneira de registrar a escrita é gêmea xifópaga do pensamento rápido. É um espocar de *emojis* e com pouca preocupação em relação à forma. Desaparece a acentuação, somem vogais, omitem-se sinais de pausas como vírgulas e chovem exclamações. Subordinadas faleceram há anos, subjuntivo está em fossilização avançada e o pretérito mais-que-perfeito, já senil quando eu era jovem, foi alvo de condução coercitiva ao cemitério. Língua é viva e sempre foi transformada pelos usuários. É necessário refletir sobre o dinamismo dela e seus novos suportes.

Vamos sair da zona ranheta. Os mais velhos proclamam em todas as épocas que os jovens não são mais o que supõem ter sido. A reclamação sobre a decadência é eterna em História. Há quarenta anos, meu pai bradava que nós (meus irmãos e eu) não líamos tanto quanto a geração dele. Diante do desafio que eu enfrentava com *As minas de prata*, de José de Alencar, ele comentava que, com os mesmos 14 anos, já tinha lido as obras completas do cearense. Será que os jovens do Instagram dirão o mesmo aos netos? Algo como "no meu tempo, a gente mandava ao menos um kkkk formal com a foto, vocês, jovens de 2040, nem isso fazem...".

Convivo com jovens há mais de três décadas. A inteligência não diminuiu, vou morrer afirmando. Houve uma transformação profunda. Aumentou o apreço pelo discurso direto, pela imagem e pela velocidade narrativa. Encurtou o prazo para despertar o tédio. Explodiu, de forma geométrica, a gula da novidade. As mudanças, antes visíveis ao longo de décadas, emergem em poucos meses.

Quero sair da rabugice. O mundo está rápido. As informações fluem em pororoca contínua. Jovens estarão sempre "antenados" em seus aparelhos, especialmente se o entorno contiver adultos, professores ou gente que fala outra língua geracional. Talvez seja uma boa defesa mesmo. Quero dar outras.

Uma obra clássica contraria tudo o que eles leem no *smartphone*. Ela resiste ao primeiro contato, apresenta uma experiência prolongada que demanda foco por muito mais tempo do que uma "tuitada". Orações longas, palavras desconhecidas, narrativas detalhistas, erudição e referências em cascata: muitas pedras na estrada do leitor superficial. O *best-seller* contemporâneo tenta seduzir, como o *gif* ou o meme da tela do celular. Memes são engraçados e concordam com seu mundo. Clássicos não estão "nem aí" para você. Eles dizem: "sou o Hamlet, se você não me entender, morra, eu continuarei sendo o príncipe da Dinamarca". Exatamente porque são densos e, por vezes, até "arrogantes", os clássicos representam uma jornada que muda o leitor-peregrino. Ler detidamente o *Hamlet* citado de Shakespeare ou o *D. Quixote* de Cervantes produz uma mudança permanente, mais do que o arranhão leve e passageiro da frase de Twitter. A frase de celular, o desenho animado e o meme divertido constituem jujubas vermelhas, doces e agradáveis. Um segundo e pluft! Foi-se o sabor e a experiência. Cervantes pede que você sente, coloque o guardanapo sobre o colo, respire fundo, abra em silêncio as páginas e comece um banquete demorado, semanas no mínimo, meses provavelmente. Há entradas, pratos principais, bebidas harmonizadas, lavanda para os dedos, convidados que vão se sentando: Dulcineia, Sancho e até o relincho sagaz de Rocinante. O gênio espanhol vai servindo lentamente e, por vezes, pede que você experimente o mesmo prato e releia, até ter aprendido a degustar todas as sutilezas apresentadas.

Se o leitor-comensal se permitiu, terminará satisfeito, melhor, alimentado, transformado por dentro. Trata-se de uma experiência única. Ele poderá continuar com jujubas vermelhas, pequenos *drops* que necessitem da sua atenção, mas terá outro olhar. A leitura de grandes obras torna-o melhor, apto a novas altitudes, com fôlego de alpinista profissional e que vislumbrará de forma original para o mundo onde todos repetem as mesmas ideias no banho-maria eterno do cotidiano.

Abra o volume das tragédias de Shakespeare com a peça *Romeu e Julieta*. Você começa trancando na fala inicial. O cara conta o fim logo no começo! Sim, porque a aventura não é saber o que ocorre no último capítulo, porém como tudo será narrado. Depois uma briga entre empregados, um gesto bizarro com o polegar. Imediatamente você já pensará: polegar entre os dentes é agressivo? Hoje seria o dedo médio em riste! Pronto, primeiro passo no campo da relatividade dos gestos e atitudes. Você acaba de sair da zona de conforto. Depois, o amor de Romeu por outra mulher. Espere aí! O modelo de paixão, o jovem Montecchio estava com outra antes de Julieta? Sim! Por fim, a festa, o acaso, o amor à primeira vista, os versos da paixão que envolvem amor, santos, peregrinos e catedrais. Chegamos à cena do balcão. Que namorada ainda seria seduzida pelo discurso do apaixonado de Verona? Estamos na parte inicial e o leitor já questionou gestualidade, amor, expandiu imaginação e criou a capacidade de se projetar em outras personagens. O clássico está fazendo efeito. Faltam ainda duelos, casamento secreto, venenos, um príncipe que luta pela ordem, uma cena atrapalhada com um frade e um final intenso.

Comecei com uma obra mais "fácil". Há muitas, em variados graus. O benefício maior da leitura é interno. Há bônus secundários: em uma seleção de emprego, na conversa entre amigos, na disputa por um rapaz ou uma moça, quase todos estarão dizendo a mesma coisa. Vantagem evolutiva: o leitor de clássicos terá outro ponto de vista. E os outros? Tuitarão apenas: "não deu, kkkkk!" O mundo do futuro é o da inteligência.

PARTE UM
Cotidiano em um mundo líquido

Só mais uma, para garantir!

Todos somos testemunhas privilegiadas (ou amaldiçoadas) da vitória da imagem no mundo. Tudo é registrado muitas vezes. Desde seu surgimento na primeira metade do século XIX, a fotografia não parou de crescer como recurso técnico, comunicativo, artístico e social.

Eu pertenço à última geração que ainda tinha formalidade com fotografias. Filmes caros, *flashes* limitados, máquinas com alguns desafios e nem sempre disponíveis, revelações demoradas: em breve essa será uma memória como a do uso da pena para escrever.

Cada aniversário da nossa infância tinha o mesmo ritual. Havia um bolo especial e decorado, os parabéns e, por fim, uma foto, uma apenas, com todos atrás da mesa principal e reunidos em poses mais formais. As fotos eram uma forma de os pais provarem, no futuro, que tinham sido atenciosos.

Registros casuais eram raros. A banalização da imagem foi descrita, em parte, no famoso texto de Walter Benjamin sobre a "reprodutibilidade técnica": a multiplicação infinita acompanhada da perda da "aura". Imagens ficaram banais. Uma festa infantil deve gerar, hoje, mais imagens do que todo o século xix.

Vivo a cena há alguns anos. As palestras são fotografadas e filmadas por dezenas, centenas de pessoas. Direito de imagem tornou-se falácia. O direito está na mão do proprietário do aparelho. E, não bastassem os milhares de cliques, ao final, uma fila para fotos. A experiência é a foto, talvez mais do que a palestra.

O procedimento é lento. A pessoa pede uma foto, eu concordo, ela entrega o celular a outra pessoa conhecida ou não. Passo seguinte: o celular tem senha e volta à proprietária. A senha é digitada e dá acesso aos comandos e o celular é reentregue ao fotógrafo incidental. Novo problema: cada aparelho tem uma lógica funcional e surge uma dúvida: onde eu aperto? O celular volta à proprietária que indica para a pessoa em dúvida (dúvida com celulares sempre quer dizer que a pessoa tem mais de 30 anos, quem é jovem jamais tem problemas com aparelhos). Finalmente, o momento chega e a foto é realizada. A foto? Não, as muitas fotos, pois a primeira é acompanhada de um bordão do mundo líquido: "Mais uma, para garantir". Garantir exatamente o quê? Mistério profundo... Duas? Na maioria das vezes, o pedido complementar: faça várias! Como um cartão da Mega-Sena, a multiplicação de apostas mira num prêmio, mais claro na loteria do que na imagem.

Recapitule, querida leitora e estimado leitor: eu estou sorrindo durante todo o processo, congelado. Mantenho os dentes em estado de exibição e marco o vinco da alegria no rosto que, como já descobri, permanece lá depois do sorriso, pois colágeno e alegria tendem a desaparecer. Atrás da pessoa que está fazendo a foto, há uma fila com outras centenas que repetirão, como liturgia estruturada, o mesmo procedimento.

O carinho das pessoas é grande e a ansiedade também. Tento entender que aquele momento é único para ela, um pouco menos especial para mim. Há momentos em que estamos na pessoa de número 546 e o brilho do meu olho desapareceu na de número 389. Há momentos piores nos quais estou correndo para um avião ou digitando uma mensagem fundamental para a família e alguém joga a tela do celular na minha cara e pede um vídeo para sua tia-avó que é minha fã. Algumas abordagens são muito delicadas, outras fariam Átila corar. Certa vez, no aeroporto de Ribeirão Preto, uma senhora foi até mim, puxou o braço que eu segurava para falar ao celular e me disse seca: "Pare de falar, eu preciso fazer uma foto com você!". Bem, sorria, se for capaz...

Vejam: também gosto de fazer registros de lugares bonitos, amigos queridos, cenas que me tocam. Amo enviar fotos ao restrito grupo de pessoas com quem me comunico por celular. Capto uma rara peônia, minha flor preferida, e envio para algumas pessoas que também já me manifestaram a devoção a esse pequeno milagre botânico. Um dia, despertando de madrugada em uma casa à beira da Lagoa da Conceição, em Florianópolis, fui presenteado com um nascer do sol tão espetacular que fiz dezenas de fotos. Era uma apoteose de cores que mudavam a cada minuto e se projetavam nas águas como que urdidas pela paleta de Monet.

Tenho a sensação de que, de alguma forma como analisou Benjamin, a abundância de imagens é o esvaziamento do olhar. Vemos muito porque vemos pouco, multiplicamos o número em função da superficialidade que dedicamos a cada cena. No livro *A imitação de Cristo*, Tomás de Kempis afirma que, se houvesse apenas uma missa no mundo, ela seria muito apreciada, mas, como havia muitas, banalizava-se o ritual (Livro IV, 1,13).

Será que se eu tivesse uma única foto de cada pessoa que eu amo, isso a tornaria muito especial? Se a cada viagem eu tivesse um único registro do momento mais marcante e não um álbum no computador com milhares de cenas a cada uso do passaporte? Uma floresta de imagens, um cipoal de fotos que trazem alegria, porém esvaziam significados.

A reflexão vale para tudo. Lendo medievalistas como Le Goff, aprendi que a biblioteca de um homem-monumento como Agostinho de Hipona era muito menor do que a minha. Contando com menos livros e sem acesso ao Google, o africano plasmou todo o pensamento ocidental.

Vivemos em meio a muitos livros, milhares de fotos, excesso de compromissos, fartura de dados e jejum de análises. Um banquete impressionante para convivas inapetentes e entediados em meio a cliques. "Só mais uma, para garantir." Afinal, para garantir, exatamente, o quê?

Eu não o ouço e você não me vê

Eu estava na Itália quando houve uma campanha contra a anorexia. Oliviero Toscani, preocupado com o crescimento do distúrbio, instalou outdoors com imagens pungentes de uma modelo com aspecto cadavérico. Objetivo: chocar e mostrar a extensão do drama e, pela catarse dolorosa, estimular que mais vítimas buscassem auxílio. As fotos alertaram muito, mas surgiu um efeito colateral complexo. Ao ver pessoas em estado de magreza patológica, outras pessoas, sofrendo do mesmo mal, em vez de rejeitarem e se horrorizarem, viram nas imagens um modelo a ser seguido. O que machucava os olhos de uma pessoa, em outra, pelo contrário, mostrava um ideal de beleza a ser imitado. Tiro pela culatra: um argumento virava reforço de sua antítese.

O palácio da retórica sempre teve essa sala obscura. São códigos distintos dentro de uma mesma língua/cultura. É um exercício de surdez seletiva. Muitas vezes, creio, nem se trata de má-fé, mas do limite do possível para cada um.

Ofereço outro exemplo. Tenho imenso respeito pela professora Marilena Chauí. Aprendi quase tudo o que sei sobre Spinoza com ela.

Em vídeo publicado em 3 de julho de 2016, ela fazia uma afirmação contundente. O juiz Sérgio Moro teria sido treinado nos EUA, pelo FBI. Suponho que a afirmação deveria ser um petardo contra a credibilidade do magistrado. O fato por ela levantado serviria para eliminar o apoio ao juiz de Curitiba.

Voltamos ao diálogo de surdos. Muitas pessoas que conheço afirmavam: bem, se Moro faz o que faz tendo sido treinado pelo FBI, precisamos enviar todos os juízes para o mesmo treinamento. Perceberam, atentos leitores e leitoras, onde está o problema? O argumento que se pretendia crítico soava como elogioso para alguns. O motivo estaria na posição contra ou a favor do juiz. Não se trata de sofisma ou relativismo extremo. Eram dois mundos e duas visões antitéticas que, no fundo, viam um mesmo elemento como prova cabal do oposto.

Não tenho nenhuma condição de dizer, por ignorância absoluta, se houve ou não qualquer treinamento do FBI. Para meu argumento, isso é irrelevante. O centro do que estou falando não está na professora Chauí ou no juiz Moro, mas em como cada pessoa entende o mesmo fato de formas distintas.

Ocorreu o mesmo quando a campanha política da ex-presidente Dilma exibiu a foto dela como presa política. Para uns era o louvor a uma ação coerente em busca da liberdade e o enfrentamento da ditadura, arriscando a própria vida. Para outros, era a prova de que Dilma seria radical e inapta à Presidência. São conclusões opostas a partir da mesma foto.

Estamos perto de uma campanha eleitoral. Tudo indica que será acirrada, polarizada, marcada pelo desequilíbrio e pela carência de lógica. Imagens passionais e fotos fluirão pelas redes como uma pororoca incontrolável. Em si, isso não é ruim. Uma leitura otimista diria que faz parte do processo de amadurecimento político. Porém, temo que estejamos prestes a travar um diálogo de surdos.

Um médico é bom durante a anamnese quando consegue traduzir as angústias do paciente para uma objetividade da sua ciência. Um leigo descreve sintomas e percepções longe do rigor acadêmico; o bom doutor ouve e traduz. Essa é uma habilidade profissional relevante.

Em ano eleitoral entramos todos em anamnese. Dores opostas e pedidos conflitantes entrarão na ordem do dia. Há vários projetos de nação em curso e quase nenhum reconhece a chance de existência legítima para o outro. Isso explica a virulência sulfúrea do debate nas redes.

Vivendo dentro de igrejas circunscritas por eleições afetivas ou recortes sociais, temos dificuldade de ver outras fés. Quando as procissões plenas de convicções opostas se encontram, o que ocorre é estupor absoluto e fluxo de ódio. Interrogados, os fiéis sempre dirão o mesmo: a culpa é do outro, pois na minha fé se congraçam a ética e a justiça.

Projetos nacionais nunca são bem construídos por moradores de qualquer polo. Radicalismo derruba democracia e nunca edifica de verdade. Temos de repetir o apelo do anjo aos pastores, paz na terra aos homens de boa vontade. Haverá gente de boa vontade daqui até as eleições? Gostaria que sim, mas isso é puro desejo. Sempre soube que o conforto dado pelo ódio é muito forte, pois tira de mim toda crítica e joga sobre o outro toda a culpa.

Reflexões densas, povoadas de dados críticos e verificáveis, sem adjetivos, sem partir para o insulto, perguntando com honestidade e pelos limites do próprio saber: eis um caminho bom. Uma conversa séria de quem tem como base comum o bem-estar do país, da sua população e não apenas o de si. Capacidade de pesar argumentos contrários, sem palavrões, sem bílis ou olhos vermelhos: eis um desafio imenso. O novo bárbaro é o que não admite a existência do outro. Vencerá a civilização? Essa é uma boa e inquietante questão.

Línguas de veneno e bites de maledicência

O mundo contemporâneo cria ou divulga novas palavras. Há alguns anos, você nunca tinha usado empoderar, sororidade e apropriação cultural. Muitos neologismos têm roupagem anglo-saxã: *bullying*, hackear, deletar, estandardizar...

O admirável mundo novo exige novos termos. Sabemos que a língua é viva, mas o português anda tendo espasmos anglófonos tão frequentes que o som que Bilac ouviu da voz materna parece ter virado *the last flower of Latium*.

Uma tessela recente do mosaico contemporâneo é *stalker*. Existe até uma forma canibalizada no Brasil: stalkear. O sentido original é perseguir e violar a intimidade de alguém. Uma canção conhecida do The Police, que muita gente canta como música de amor, é um desenho disso: *"Every breath you take, I'll be watching you"*.

O *stalker* também é um perseguidor virtual, alguém que entra continuamente no seu perfil, explorando suas fotos, perscrutando suas postagens e está ali, como um vulto, em cada passo que você dê.

O *stalker* já constitui tipologia. Tem tempo livre e pode passar muitas horas entrando em blogs, perfis e atrás de notícias. Ele mantém uma ambiguidade com sua vítima: deseja e odeia, ama e repudia. Seu interesse é fruto dessa contradição. Lennon morreu nas mãos de um ser assim. Reagan foi baleado por um *stalker* que queria chamar a atenção de Jodi Foster.

Nas cidades interioranas existiam formas arcaicas de stalkear. Era a vizinha que, sempre à janela, controlava, comentava, observava todos que iam e vinham. Algumas colocavam almofadas para apoiar seus cotovelos, enquanto cuidavam da vida alheia. O freguês que abria o botequim e era também o último a sair. Da cadeira do bar, vigiava, controlava e passava em revista a vida de todos. Eram a vanguarda do movimento. Ali estavam, em potência, os elementos do futuro cyber-fofoqueiro-vigilante.

O cuidado com a murmuração, com a fofoca, vem de longuíssima data. A regra de São Bento (480-547 d.C.) declara que não ser murmurador (cap. 39) e não ser detrator (cap. 40) é uma das obrigações básicas da vida monacal. A desaprovação beneditina à detração é visível, pois a palavra volta 12 vezes na regra, sempre acompanhada de viva condenação.

No meu livro *A detração, breve ensaio sobre o maldizer*, escrevi que, do ponto de vista beneditino: "A murmuração é um vício, um desvio da caridade cristã, uma hipocrisia de um monge que obedece, porém segue relutante em seu coração, um divisor de comunidades. O irmão murmurador é uma espécie de doente que deve ser curado com o auxílio do abade e da comunidade. Caso isso não seja feito, quebra-se a comunhão do grupo (a *koinonia* grega). O básico do murmúrio entredentes, do som baixo dito a um irmão sobre uma tarefa ou sobre o abade, é que ele introduz a mentira, cujo pai é Lúcifer".

O *stalker* vai além. Ele não apenas calunia, todavia persegue. Desce da janela, sai do bar e espiona a vida alheia em cada respiro dado. O perseguidor foca no seu objeto e não consegue mais desmagnetizar o olhar. Vive se esgueirando, buscando como alimento a fama alheia. Em um mundo como o nosso, que tornou a exposição pública um bem enorme, quase fundamental, o *stalker* é um vampiro da força alheia.

Cyberstalking veio para ficar. Não sei se adianta advertir, os jovens em particular, que tudo o que você postar será do público para sempre e poderá ser (e será) usado contra você. Há seres dedicados integralmente ao computador todos os dias, não saindo do seu espaço e, do conforto do anonimato das redes, perseguindo notícias, pessoas e fatos. Criam perfis, inventam coisas, perseguem dados, republicam e transformam (falsas) notícias, são agressivos e controladores.

Surgem novas palavras como *doxing*, *cyberbullying* e *cyberharassment*, que vão multiplicando sentidos e práticas de controle do alheio. Há um cruzamento de *Admirável mundo novo* com o livro *1984*. Implode-se o campo da intimidade. Zygmunt Baumann chega a dizer que o conceito de vida íntima desapareceu no mundo líquido.

Surge um campo vasto para uma nova psicologia do ser contemporâneo. São Bento ficaria abismado com as possibilidades. Não mais as celas de um mosteiro silente, todavia perfis e mais perfis, horas e horas num novo ofício litúrgico de ficar lendo sobre outros, buscando, coletando, repassando.

Matinas, vésperas, completas: todas as horas canônicas em torno do Google e do Facebook, babando de curiosidade e ódio, crescendo como hera venenosa em torno do objeto odiado/amado/desejado.

Talvez, em um futuro próximo, o bem maior a ser vendido no mercado seja privacidade. O mundo, afogado em exposição, temendo os vampiros da rede, acabará desejando a paz da individualidade e o sorriso do anonimato. Surgirão espaços blindados de desintoxicação nos quais cada pessoa poderá evitar todo o contato com o mundo.

No movimento pendular da história, podemos ver surgir a aurora do resguardo como valor supremo. Os novos invejosos dirão: você soube que ela não tem nenhum amigo ou contato e que, nunca, ninguém curtiu uma foto? O outro ouvirá incrédulo e desejoso do valor da invisibilidade.

Tudo fica no plano utópico, claro. Por enquanto, *likes* definem a posição de cada ser no universo e popularidade é moeda de troca. Assim como Buda percebeu, pouco antes da sua iluminação, que o mais perigoso demônio que o atormentava era ele mesmo, cada um de nós poderá notar que o pai de todo *stalker* é nossa própria vaidade. Atrás de toda reclamação de falta de privacidade pode existir um secreto orgulho e uma inconfessável soberba: vejam como sou importante e ninguém me dá paz.

A cobra vitoriosa

No jardim da alma, a cobra mais venenosa é a ingratidão. Parece frase de um manual de moral antigo, com suas metáforas, mas é verdade. Devotar raiva a quem o ajudou ou, simplesmente, ignorar o benefício concedido é um defeito terrível de caráter.

Quando Dante Alighieri imagina o pior pecado, aquele que deve ser punido com a pior pena, ele identifica a felonia. A palavra deixou de ser comum, porém era fundamental na Idade Média. Felonia é a traição a superiores e benfeitores, a falta de devoção a quem nos ajudou, pagar com o mal o bem distribuído. Em sentido amplo, é um ato desleal de um vassalo, uma insurreição, a perfídia de alguém que foi amparado e dá, em troca, maledicência, quebra de juramento e até violência. Lá, no mais fundo do inferno, no último de seus círculos, estão Judas, Brutus e Cássio sendo devorados pelo próprio chefe da casa. O primeiro, todos sabem, foi o traidor do Mestre. Os dois últimos foram assassinos de Júlio César. Ingratidão com um superior era o que de pior o poeta florentino conseguia imaginar.

O ódio nasce de um impulso violento, é uma resposta a uma ofensa considerada grave. A ira é um pecado capital. A felonia é mais grave ainda: significa desagradecimento venenoso contra uma fonte de bem, e pagar o benefício com a traição mostra o pior do ser humano. Por que você me odeia, se eu nunca o ajudei? O ditado oriental é rico em significados. Esse valor ultrapassa fronteiras e está em nossa música popular: "Você pagou com traição a quem sempre lhe deu a mão", canta Beth Carvalho.

Tácito lançou uma frase devastadora sobre nossas sombras pessoais. O historiador romano diz que os homens se apressam mais a retribuir um dano do que um benefício, porque a gratidão é um peso e a vingança, um prazer. É enorme o sentido da frase. Quem me ajudou marca uma inferioridade minha. Se precisei de socorro, tenho de reconhecer que fui menos naquele momento. A presença do benfeitor traz à tona a memória da benesse concedida e, por consequência, da minha fraqueza.

Vingar-se traz o poder de volta ao meu eu. Quando me vingo, entro novamente no modo protagonista de ser e posso exercer a plenitude da minha potência. Talvez seja esse o sentido de que a vingança carregue um prazer. É algo, garantem os espanhóis, para ser degustado a frio, passado um tempo entre a ofensa sofrida e a vingança. Assim, a preparação fica mais extensa e pode ser aumentada.

Parte do incômodo que determinados filhos têm com os pais diz respeito a essa lembrança da fragilidade que todos ostentamos em alguns ou muitos momentos da vida doméstica. O sorriso amoroso de mãe e o afago afetivo de pai evocam, por consequência, a memória da criança frágil que fui, imerso em carência, acovardado das sombras e dependente até da habilidade dos progenitores para cortarem meu bife. O olhar de quem me gerou desnuda as pretensões e atualiza minha ficha corrida de gafes, manias, defeitos e tropeços. Como é complexo montar cenografia de vaidade diante de quem limpou nossas fraldas repletas. É complexo lidar com esse amor/gratidão que rememoram nossa óbvia infantilidade.

Curioso que a maioria das pessoas é impaciente quando os pais envelhecem e passam a ter atitudes irresponsáveis (frutos da senilidade): isso parece avivar o desastre que fomos e torna ainda mais difícil a relação. Será que a senilidade paterna chama nossa infantilidade e nos machuca? Será que funciona como um espelho incômodo do que serei e da minha impotência diante do tempo?

Além do plano pessoal, a política moderna é o campo por excelência da quebra da gratidão. O campo para o qual Aristóteles mais pensou a ética é justamente um deserto da moral, um pântano das certezas e da fidelidade. A volubilidade dos políticos com partidos e grupos diz respeito ao seu universo prático, materialista e dos jogos teatrais de imprensa. Ficar ao lado de quem tem poder e usufruir dele implica, permanentemente, trair quem não tem ou deixou de ter a única moeda válida. A espinha dorsal do indivíduo político é, usualmente, de uma maleabilidade épica.

Temos exemplos variados. O deputado paranaense Onaireves Moura era da tropa de choque em apoio ao presidente Collor. Perto do desenlace do *impeachment*, chegou a oferecer banquete para o grupo ligado a Collor, em cena de apoio explícito. Na hora da votação sobre a abertura do processo, 29 de setembro de 1992, para surpresa (ou não) de todos, o deputado votou pela abertura do processo que, no final do mesmo ano, levaria o presidente Collor a ser afastado do cargo. O que provocou a brusca ruptura de posição política do deputado Onaireves Moura? Obviamente, o detalhe central está na percepção da inevitabilidade dos favoráveis ao afastamento. A traição, neste caso, é clássica em política: salvar-se e não estar no lado perdedor. É a lógica dos ratos em naufrágios. Há outra esfera, no fundão do inferno, para traidores políticos: a Antenora.

Ingratidão gera traição. As duas são partes simbióticas da serpente que rasteja em todos. A serpente foi condenada a deslizar sobre o ventre por ter traído seu Criador e invejado a criação de Adão e Eva.

Nós, brasileiros, estamos irritados com o conceito de política porque o confundimos com as práticas dos políticos. Condenamos os nossos malfeitores. Estaríamos preparados para perdoar um benfeitor? Seríamos capazes de suportar o bem realizado pelo Messias pelo qual suspiram almas sebastianistas, vindo em seu corcel branco livrar a Terra de Santa Cruz de seus males? Messias costumam ser crucificados. Serpentes perdem as patas, no entanto, sibilam com sorriso irônico, pois conhecem a natureza humana.

Estratégia para a crise

Estamos em crise. A frase já foi dita tantas vezes que ficou inaudível. Funciona como o "Pour Elise" de Beethoven: a melodia está tão difundida que provocou surdez seletiva. Um dos problemas da repetição de avisos de perigo é que ficam como mensagens de aeroporto: muito significa nada.

A estratégia implica, entre outras coisas, selecionar recursos, energia e priorizar tarefas. Estratégia é usar recursos limitados, tempo limitado e pessoal reduzido para atingir um objetivo. Se tivéssemos tudo em abundância infinita, não necessitaríamos de estratégia. A crise aumenta a necessidade dela.

A palavra *estratégia* tem raiz militar e grega. O estratego dirige a infantaria ou os arqueiros para onde serão mais necessários. Ele deve antecipar, criar o recurso disponível antes de ele ser necessário, especialmente no desenrolar de uma batalha rápida. Da China antiga, faz sucesso o tratado de Sun Tzu, *A arte da guerra*. Hoje, o livro é usado em treinamentos de vendedores ou de equipes de empresas. A linguagem militar é adaptada ao mercado.

Pensamento estratégico trabalha com o real e projeta o ainda não ocorrido como uma possibilidade. Quanto mais eu consigo antecipar o tempo e adaptar a resposta às hipóteses, mais estratégico serei.

Estamos em crise. Há menos dinheiro, menos emprego, mais instabilidade política. Faltam horizontes e os mercados estão tensos. A estratégia deixou de ser um deleite estético para ser chave de sobrevivência.

Entenda a crise como uma paisagem difícil e árida. Você precisa de água e proteção contra o sol, evitando os riscos da desidratação e da insolação. O pensamento imediato é: como sobreviver? Preservar recursos, apostar em algumas coisas conhecidas e tentar algumas novas. Porém, há uma perspectiva distinta dessa. Tão importante como atravessar o deserto é saber o que fará após ele. Que produtos sua caravana leva que possam interessar aos povos do outro lado? Toda crise passa, sempre. Não basta sobreviver, você precisa pensar na vida pós-crise.

Vamos a um exemplo. O mercado brasileiro dava tímidos sinais de que o pior da tempestade econômica estava sendo superado. Indícios mínimos, porém reais. A turbulência política atropelou tudo e deu um fôlego extra ao problema. Há a possibilidade de o alvoroto diminuir após 2018 (bata três vezes na madeira). Acalmado o campo da política, a economia volta a sair da UTI.

O que levar? Preparo, conhecimento, habilidades e atitudes pessoais. Exemplo concreto: estudo de línguas faz toda a diferença. Mundo cada vez mais globalizado e demandando habilidades de comunicação fora da zona de conforto da língua materna. Habilidades: você é um usuário do computador, todavia precisa aprender linguagens e programas novos. Todo novo conhecimento constitui uma ponte neuronal com o futuro. Ele leva para além do deserto.

Atitudes pessoais contam. Administração do tempo é uma das mais importantes. Tempo é um valor medido de forma objetiva, porém seu aproveitamento é a coisa mais subjetiva já surgida nas culturas. *Carpe Diem*: a máxima de Horácio pode ser lida de muitas maneiras. Para alguns, quer dizer aproveite a vida, divirta-se. Para outros, envolve a noção capitalista e empreendedora de fazer o máximo de coisas em pouco tempo. Para mim, é tornar-se senhor do seu tempo e produzir ou descansar de acordo com seus objetivos. O ócio criativo de Domenico de Masi é um bom exemplo de *Carpe Diem*.

Seu corpo deve ser funcional. Isso significa que deve corresponder, *grosso modo*, ao que você demanda dele. Cuidar dele implica alimentação equilibrada e alguma atividade física. Pensar no corpo é uma boa maneira de evitar ou adiar o dia em que ele vai pensar por você e impedi-lo de fazer coisas. Todos morreremos. Dar atenção ao corpo é evitar que isso ocorra muito antes do que deveria ocorrer. Não se esqueça de manter as vacinas em dia. Corpo é estratégia.

Preparo intelectual, administração do tempo e cuidado do corpo. Nada mais estratégico do que esse tripé. Acrescentarei mais um elemento. Parte do sucesso ou fracasso em qualquer atividade é a administração da nossa personalidade. Tipos coléricos, excesso de reação a coisas pequenas e impulsos podem ser os mais poderosos obstáculos para seus objetivos.

Não incorpore a Gabriela de Jorge Amado: eu nasci assim! Personalidades podem ser trabalhadas como corpos. Você não supera a natureza, no entanto deixa de ser escravo dela.

Todas as questões identificadas podem significar um profissional: um médico, um psicólogo, um nutricionista, um fonoaudiólogo. Essencial conhecer-se e observar onde algum ponto pode ser melhorado.

Nada antecipa o futuro. Nunca saberemos qual tigre pode pular na próxima esquina. Viver implica adaptação permanente a novidades positivas e negativas. Os tigres são surpreendentes. Como canta Fantine (musical *Os miseráveis*, música "I Dreamed a Dream"): *the tigers come at night*... Haverá tigres, muitos, especialmente à noite. Estratégia é levar comida para eles, talvez uma arma ou fortalecer as pernas para correr. Tigres são terríveis, mas são gatos grandes. A crise vem para todos como ventania, estratégia torce os ventos para que sua vela se enfune.

A arte de corrigir o mundo

Hoje pensei nos escritores, jornalistas, blogueiros, professores e muitos outros que trabalham com a exposição de suas opiniões, valores e conhecimentos. O mundo apresenta para todos nós uma dupla face: uma vontade enorme de opiniões e uma rejeição quase imediata a elas. Os formadores de opinião vivem em meio a esse desejo estranho de acolher e repelir. Não seria tão grave se uma parte que demanda acolhesse e a parte que não demanda rejeitasse. Muitas vezes, a mesma parte demanda e rejeita.

Vivemos uma geração de borda e, na fronteira atual, uma parte da ideia de autoridade já foi evaporada e outra ainda permanece. Vagamos entre as ruínas do mundo do *magister dixit* (o mestre falou) e a primeira colheita do universo isolado do indivíduo como definidor de tudo, inclusive da verdade.

Liberdade de opinião é base do Estado de Direito. Confunde-se um privilégio da vida democrática com um reforço da validade. Em outras palavras, eu posso dizer, mas o direito não torna o que eu digo verdadeiro. "Uma vaca pode voar." Pronto, eu disse. Posso fazê-lo! Mas não torna o enunciado uma verdade apenas por ter sido dito. Parte da ambiguidade do nosso mundo está já na primeira frase que escrevi: equiparo todos os que têm acesso ao público. Tocqueville havia previsto isso muitos anos antes do que estamos vivendo.

Estar exposto implica críticas. A partir da subjetividade da minha experiência, em especial no momento de polarização que vivemos, queria tentar pensar nos tipos mais comuns de críticos que tenho encontrado.

O primeiro tipo de crítico é o Comissário do Povo. Representa o interesse dos oprimidos e existe a partir de uma chave de esquerda. Tudo o que você diz está errado porque não favorece o mendigo de rua ou o retirante do sertão árido. Platão? Bach? Não! A verdade está nos indivíduos oprimidos. O Comissário do Povo também está distante do oprimido, não obstante, por mecanismos complexos, supõe representá-lo. E, por dizer que representa o povo, ele crê de fato nisso.

O segundo tipo de crítico é o representante conservador por excelência: o homem de bem. Ele personifica a ordem, a família patrilinear, a religião, o trabalho, o esforço meritocrático e o estudo árduo. Toda defesa de democratização que arranhe seus valores descritos nas linhas anteriores é coisa de comunista e vagabundo. Você critica desigualdade de renda? Ele berra: vá para Cuba! Penalizado com o menor infrator?

Leve-o para casa! Direitos humanos só para humanos direitos, repete o ser. Estes são *slogans* tradicionais da tribo do bem.

O terceiro tipo eu chamo, por motivos pessoais, de *Gauleiter*. Na Alemanha antiga, era o administrador local. Ele tem seu próprio mundo, porém gostaria de brilhar em Berlim. É tomado pelo ressentimento. Ressalta, ironicamente, que não tem os títulos ou a experiência que você possui. Anseia pela influência, posta compulsivamente, lê tudo o que você escreve ou diz, acompanha-o como alguém fixado em telenovela. É um admirador de vetor trocado. Sendo opaco, almeja o brilho que ele imagina alheio. É um apaixonado que odeia. É a raposa da fábula: o que não consegue alcançar está verde. O Gauleiter é uma fronteira um pouco menos definida e pode estar diluído no primeiro e no segundo grupo de críticos.

O quarto tipo é um ourives capacitado. Também pode se diluir nos anteriores. Ele leu seu livro e, na página 326, encontrou um advérbio não emoldurado por vírgulas. Uma vez, numa palestra, você usou a expressão lagoa e ele, com razão, lembra que se trata, pela formação, de uma laguna. Ele busca cacos e, quando os encontra, invalida tudo. Extremamente meticuloso, por vezes bem formado, sua vida é encontrar defeitos em obra alheia. Seriam excelentes revisores de texto, capatazes de obras ou inspetores de qualidade. Num grupo de amigos, quando todos elogiam um romance de um autor consagrado, ele sorri, triunfante: vocês não sabem! Ele disse que Washington Luiz era político paulista, todavia ele nasceu em Macaé, no Rio! Pronto, o romance não existe, a qualidade despencou e o grão de areia do ourives parece superior à montanha do literato. Nada edifica; tudo ataca.

Entro no último tipo de crítico. Na verdade, é o único tipo digno do nome. Ele identifica incongruências, erros, deslizes e escreve sobre eles. Sua crítica apresenta poucos adjetivos, é analítica, não mostra passionalidade e salta aos olhos que o amor à verdade é seu guia. Ele não insulta, não idolatra e não berra, não usa letras maiúsculas o tempo todo e não inventa apelidos ou bosteja palavrões. É tranquilo e não se considera um cruzado de esquerda, paladino do bem ou dominado pela inveja e pelo detalhismo. Tudo o que ele indica acende luzes em você e, no fundo, colabora enormemente para seu crescimento. Pode arranhar seu narciso, mas esse é um problema seu.

O bom crítico não fala em nome de ninguém, não usa *slogans*, apenas faz o exercício da inteligência que estimula o campo das ideias e das práticas. Ele existe em bancas de doutorado, em textos de jornal, na internet, em cartas, em conversas pessoais. Ele primeiro entende o que você disse, lê e escuta de fato e, depois, corrige. A simpatia ou delicadeza são interessantes, entretanto ele pode ser mais duro também e continua sendo um bom crítico. Entre mim e ele não estão as classes subalternas, os homens de bem, a dor pessoal ou a obsessão pela área, contudo a busca ética da correção e da verdade.

Importante: a democracia implica reconhecer o direito de criticar. Com o tempo se aprende a identificar rapidamente os tipos e não precisamos prosseguir: você já sabe o que será dito após duas ou três frases. Também já errei criticando mal e já errei dando atenção aos quatro primeiros grupos. Já toquei tambor para maluco ressentido dançar. Já fiz ataques que podem estar nos quatro primeiros tipos. Aprendi muito, em parte auxiliado por bons representantes do último grupo.

Somos livres?

Em novembro de 2017, o Conselho Universitário da Unicamp (Consu) aprovou uma política de cotas para a universidade. Terminado o encontro do Consu, publiquei na minha *fanpage* o resultado. Tema polêmico, potencial explosivo, polarizadas as opiniões, era natural que houvesse detratores e defensores. Porém não focarei no tema cotas. O que me espantou foi ter constatado que muitas pessoas continuaram a debater como se a decisão estivesse no futuro ou dependesse dos internautas, especialmente entre aqueles que tinham posição contrária ao ocorrido. A maioria absoluta nem sequer era formada por funcionários, alunos ou docentes da Unicamp.

Aprovar políticas para a universidade é da competência de alguns órgãos, entre eles, o Consu. Para chegar a ter assento lá, professores, funcionários e alunos precisam se candidatar. O organismo é, a rigor, o órgão máximo da universidade. O meu espanto era que muitas pessoas se pronunciaram na minha página dizendo que eram contrárias e que isso era ruim. Qual seria, penso eu, a utilidade de uma opinião *a posteriori*? Minha reflexão afastou-me do já decidido tema cotas na Unicamp e aproximou-me da ideia de participação e liberdade nas redes.

Poucas pessoas têm poder real em uma sociedade. Quem decide o que é substancial, quase sempre, é um núcleo reduzido. Cada um de nós tem uma área de atuação limitada e um poder restrito. O grande poder foge à maioria. Diariamente somos invadidos por taxas de juros, decisões do Copom, regras do imposto de renda, políticas de cotas, prazos para emissão de passaporte, lançamentos de novidades tecnológicas e milhares de outras coisas, grandes e pequenas, que escapam ao cidadão comum tanto no plano decisório como na simples compreensão do mecanismo.

Paralelamente à impotência quase generalizada que sofremos com graus variados de paciência, temos o discurso da sociedade mais livre que jamais houve. Decido sobre minhas roupas, minhas refeições, meu voto, minha identidade partidária e meu casamento a partir de um mundo líquido no qual o desejo é imperador. Há 200 anos, nem casamento, nem profissão, nem o código de vestimenta (regras suntuárias) eram da alçada do indivíduo.

Mais: minhas redes e a garantia da liberdade de expressão estão em um ponto forte. Damos opinião sobre o STF, sobre o papa, sobre artistas e livros. Podemos postar coisas do estilo "odeio Marx"! Ou "von Mises é uma fraude"! Eu destruo, na humildade do meu aparelhinho conectado, todo um sistema de pensamento. Se alguém questiona se eu sequer li a totalidade da obra dos autores, posso largar a pérola mais preciosa da ostra contemporânea: é a minha opinião! Isso vale para tudo e estamos embriagados com o gozo libertário do fluxo de consciência internético.

Que delícia observar uma decisão de um juiz do STF que se dedica ao tema constitucional desde antes do meu natalício e lascar: ele é um babaca! Que Campos Elísios se abrem ao arcanjo da liberdade do Facebook! O mundo livre é o mundo como deveria ser. Vou trazer um pouquinho do mundo como ele é.

Ainda que a opinião pública tenha certo peso, a diluição dela na massa pode ter tornado o grupo relevante no jogo político, mas não o indivíduo da massa. Em si, eu mudo tanto o mundo como um servo da gleba no apogeu do sistema senhorial. Tal como lá, a rebelião servil (a *jacquerie*) poderia provocar abalos. No entanto, nem nos movimentos massivos o indivíduo único e solitário exerce o protagonismo. Para ter poder como massa, a primeira condição é submeter-se a uma liderança das massas, a um calendário de atividades e a uma orientação superior. No mínimo, é preciso aceitar um sanduíche dos organizadores...

A internet representa uma fantasia extraordinária. O Consu aprovou algo. Eu não concordo, por exemplo. Vou postar contra. Vou replicar um textão reprobatório, irei colocar uma faixa de luto no meu perfil e vou fundar um #abaixoascotas! Ótimo, exerci meu sagrado direito de liberdade de expressão, amparado no artigo quinto da nossa lei magna, inciso IV: é livre a manifestação do pensamento, sendo vedado o anonimato. Bem, a internet permite passar por cima do tal do anonimato e manifestar uma clara opinião sem riscos. A internet aumenta o potencial da minha liberdade. Só... que não. Veremos.

A partir do momento em que posto minha ideia, deixo de ser um inexpressivo cidadão para me tornar um internauta com opinião. O limite entre os dois campos pode ser debatido no grande plano coletivo, todavia faz diferença para o indivíduo. Exerci um direito sagrado e claro. Tornei-me alguém e teclo um *enter* com a mesma convicção da cabine de votação: aqui está a pedrinha com a qual completo o muro do todo. "Eu penso assim" e, pela graça das redes sociais, minha voz ecoa nas fossas abissais do mundo virtual.

O objetivo não é discutir aqui se uma opinião de apoio ou de ódio é, de fato, relevante. Penso em como o indivíduo deixa de fazer outras coisas, deixa de organizar algo mais concreto (como ingressar em um partido político ou militar em algum sindicato) porque seu desejo de miniprotagonismo foi satisfeito.

Seríamos livres de fato? Nossa liberdade teria sido conduzida ao papel de digitadores e postadores? Séculos de esforço pela sociedade de direito teriam encontrado este melancólico epílogo: gente olhando o mundo de longe, mas querendo indicar, pelas suas redes, que se sente alguém ou tem alguma importância? Seria nossa liberdade de postar uma cilada ardilosa que entorpece sentidos e, em troca da fantasia de participação, entrega em definitivo o mundo aos seus donos e agentes reais? Seria ampliar a percepção que tive há alguns anos: quem realmente tem poder não atende celular nem possui perfil no Facebook?

tem suco de quê?

O garçom se aproxima e você pergunta: tem suco de quê? Talvez não esteja no cardápio. Em algum ponto de nossos cada vez mais penumbrosos restaurantes, é possível que conste a informação em letras pequenas. Você opta pelo caminho fácil e rápido de perguntar. Ele enumera as opções: laranja, abacaxi, acerola, limonada suíça... Você acrescenta desejos obscuros: haveria abacaxi com hortelã? A acerola é polpa ou natural? Laranja com gengibre? O garçom declina, mais uma vez, as opções das opções.

Você está ali para uma refeição única. Não vai ao mesmo lugar todos os dias. Pode ser, inclusive, que seja sua primeira vez. Há uma bruma de novidade e excitação no pedido. Para o atendente é a vigésima vez que ele enuncia os sucos. É aceitável que ele tenha um pouco menos de entusiasmo no índex de líquidos.

Aqui está um desafio muito mais amplo. Começa pelo préstimo de qualquer profissional. É a primeira vez do cliente, do paciente, do aluno ou do freguês. É a centésima vez do médico ou do garçom, do professor ou da enfermeira. A cena se repete muitas vezes ao dia, centenas de vezes ao longo dos anos. Temos um choque de expectativas, um desnível de ansiedades. Há mais desejo/receio de um lado e mais tédio/pressa do outro.

A comissária está de pé desde a madrugada. Já fez tantas capitais brasileiras que perdeu a conta. A escolha do passageiro é um universo limitado: água de cortesia, biscoito doce ou salgado? Não se trata de um universo *gourmet* vasto com chance até de indicar se a flor de sal é do Himalaia. Doce ou salgado? Duas únicas opções, opostas, fáceis, lineares. Você só precisa enunciar uma palavra simples. Ela torce para que seja o salgado que já está na mão dela. O passageiro reflete, pensa, como se fosse um homem contemporâneo com mais de três bilhões de mulheres a sua frente e não um humilde Adão com Eva solitária e única. O tempo da decisão é sempre maior do que a comissária gostaria. O treino foi bom e ela sorri. Uma parte funda da alma da funcionária da companhia aérea gostaria só de atirar o pacote sobre aquela horda. Ela mantém a bonomia. O ocupante da poltrona 3A pergunta à companheira da 3B: o que você vai pedir? A comissária sorri novamente. Lembra sempre a história da severa atendente de fala hispânica que anuncia sopa ao passageiro e ele pergunta quais as opções. Ela teria dito: *Si o no*! Sim, o tipo da 3A ainda não fez a escolha dramática.

Diante de crescentes sinais de impaciência da comissária e premido pela companheira, ele enuncia "doce" como o Ser Supremo do Gênesis declarou feita a luz no universo. Aliviada, a moça entrega a ceia farta. Ele ainda está com alma de galhofa e fecha o colar do tédio da comissária com uma pérola final: biscoito não, bolacha! Sorrir é o destino de todos que pretendem manter o emprego.

Desníveis de expectativas são a chave do universo. Vale para o adolescente que procura uma profissional do sexo: para ele a ansiedade da primeira vez, para ela nem tanto. Vale para o membro da banca de doutorado, especialmente se for a segunda do dia, a quinta da semana após 26 anos na universidade. O candidato está tenso e feliz: é um momento único. O velho doutor se sente a Bruna Surfistinha acadêmica.

Como manter uma mínima proximidade entre as duas experiências? Uma resposta tem sido treinar para um sorriso extático/estático e uma gentileza fixa. "Bom dia, em que posso ajudá-lo?", sempre exibindo gentileza e dentes. Soa estranho, mas é um padrão norte-americano. O do europeu é igualmente eficaz, mas algo mais distante. Afastando a passionalidade do contato, a Europa, em geral, diminui o entusiasmo do usuário e o tom blasé de quem faz aquilo sempre.

Empatia é um desafio. Manter equipes entusiasmadas é ainda mais desafiador. Multiplicam-se palestras e treinamentos motivacionais. Muitos coordenadores e gerentes fazem uma reunião matinal com orações, gritos de guerra, mãos dadas e tentativa de hipnose coletiva.

A pergunta é sobre entropia e a perda quase permanente de energia de todos os sistemas. Não se trata apenas daquele que está pouco aí como cliente ou do que faz do espaço seu trabalho, mas da própria capacidade de manter a chama do sexo, o pique do trabalho, o tônus muscular ou o foco no curso.

Como incorporar um superego permanente, um Grande Irmão que incentiva e pune, um panóptico coletivo? Nenhuma resposta feita até agora tem sido de pleno resultado. A centésima relação sexual pode ser boa, todavia perde a aura da primeira. A quingentésima banca de doutorado tem algo de mecânica. O ducentésimo cliente no fim da noite já encontra algo de tédio no rosto do garçom.

O jeito é controlar o narciso e saber que meu entusiasmo não passa nem na esquina da casa do interesse de meu interlocutor. Ou, ainda, o contrário: meu tédio é um problema meu. O desafio está num patamar de empatia e profissionalismo. E acontece como com todo médico, palestrante ou garçom: de repente, por um motivo variado, surge uma experiência especial e uma pessoa que altera sua monotonia. Quebra-se a linearidade e ressurge a emoção. Um espocar de luzes na caverna da mesmice. Sorrimos ou até choramos.

Logo em seguida a chama bruxuleia e voltamos a nós e ao nosso canto úmido e escuro. Quem toleraria a luz permanente?

Beber e viver

Sempre achei estranhas duas categorias de pessoas: as que se excedem no álcool e aquelas que nunca o bebem. As primeiras são chatas mesmo, falam muito, babam, choram e dão vexames variados. As segundas são melhores para o convívio, mas parecem lançar um olhar moral para sua bebida. Ninguém é obrigado a beber e muitos não podem fazê-lo por motivos médicos ou tentativa de afastamento do alcoolismo. Compreensível. Porém, beber algo em boa companhia é uma comunhão, um sacramento compartilhado e uma forma de viver uma experiência boa.

Sou um amante de vinhos. Meu pai comprava caixas de vinhos tintos, brancos e rosés na serra gaúcha. Achávamos a cor divertida, mas não nos seduzia. Na juventude tomei vinhos alemães adocicados. Essa é a clássica informação que pode ser usada contra uma pessoa em algum momento da sua carreira. Lá está o ser feliz pretendendo um cargo ou querendo validar uma ideia e pimba, surge uma foto dele com a famigerada garrafa azul. Foi-se todo o projeto de seriedade...

Collor refinou meu gosto. A abertura dos mercados fez com que os vinhos chilenos e argentinos surgissem abundantes e bem mais baratos. Passei a tomar o que eu chamava de vinhos católicos: Santa Helena, Santa Cristina, Santa Carolina etc. Descobri que conseguia distinguir uvas como cabernet sauvignon, carménère, syrah etc. Novos destinos e novas videiras: a touriga nacional de Portugal e a Sangiovese da Itália. Uma recaída, mais uma confissão grave: um dia descobri um vinho de estação, o Beaujolais Nouveau. Geladinho, lá por novembro, era um eco menos doce que o Liebfraumilch, mas ainda era um suco de uva com algo de álcool.

Enólogos já devem estar desistindo de continuar a leitura. Dois pecados mortais confessados e uma estrada semeada de pecados veniais. Calma, vamos conseguir mais.

O gosto se desenvolveu. Creio que é uma trajetória comum a quase toda classe média brasileira. Comprei um Nez du Vin e brinquei em festas com ele. Dezenas de cheiros para treinar meu olfato. Errava quase todos. Comecei a colecionar livros. Fiz a primeira enoviagem a Bordeaux. Dos varietais passei a admirar os assemblage. Depois, conheci Mendoza na Argentina e áreas vinícolas do Chile. A última visita foi ao vinhedo Santa Rita, com uma entusiasmada carioca nos levando pela propriedade, mostrando coisas como o sobreiro, a árvore da cortiça ou uma parreira orgânica com galinhas comendo insetos no lugar de defensivos.

Há os traços exóticos: a descoberta de uma boa bebida da Suíça, um excelente turco, um curioso vinho grego. Houve o excesso de açúcar de um Tokai húngaro e aqueles momentos de uma bebida perfeita, num momento perfeito com a companhia perfeita. Mas aqui interrompo a memória da gula evitando entrar na luxúria para não sobrecarregar a crônica em um santo domingo.

Comprei mais livros. Comecei a participar de uma experiência interessante: dar palestras sobre História da Borgonha, por exemplo, acompanhado de um *sommelier* que explicava e servia um vinho borguinhão. As aulas melhoravam a cada rolha extraída.

A biblioteca cresceu e meu conhecimento também. Cheguei a falar na Associação Brasileira de Sommeliers (ABS). Tratei da história do vinho e não sobre o vinho em si. Sempre admirei o especialista que sente no paladar a musgosa face norte do Montblanc no arrebol.

A vida é curta para tomar vinhos ruins, afirmam. Beber desnuda nossa alma. Quem não viu deve aproveitar para contemplar *A festa de Babette* (Gabriel Axel, 1987), filme em que austeros protestantes descobrem a alegria comendo e bebendo.

Por ligação profissional com algumas pessoas muito poderosas, vim a provar cálices do olimpo enológico. Serviram-me garrafas de mais de dez mil dólares. Considerei um desperdício. Apesar do encantamento, minha sensibilidade distingue bem o vinho ordinário do médio e este, do bom. Percebo quando o vinho é muito bom. Porém, os vinhos excepcionais são estranhos ao meu paladar. Eu não separo o muito bom do excepcional.

Conheci gente muito boa na área, como Manoel Beato. Ainda lembro do primeiro vinho que ele indicou: um Castelli di Jesi (sim, eu ganhava menos há 25 anos).

Diz uma tradição que uma princesa deprimida em um harém oriental desejou suicidar-se. O tédio era insuportável. Esmagou frutas em uma jarra e deixou que ficassem lá para, no anseio dela, transmutarem-se em veneno. Tudo fermentou e ela bebeu com intenções deletérias. Não morreu, mas experimentou um vinho. Descobriu a alegria e superou o impulso suicida. Talvez não fosse o vinho que a fez redescobrir o riso, mas a capacidade de se entregar.

Quando quero trabalhar pego um chá preto, verde ou branco. O chá foca. Quando estou livre, encho uma taça de vinho. Vario muito, mas dominantemente são franceses, chilenos, argentinos, sul-africanos, neozelandeses ou portugueses e espumantes do meu estado natal. Vou bebendo aos poucos e descubro o mesmo remédio da princesa. A alegria me invade e eu me entrego ao devaneio. Nunca fiquei bêbado, mas existem regiões quase infinitas entre o ébrio e o sóbrio. Sozinho ou acompanhado, o vinho dialoga e vive com alma. Amo isso, cada garrafa é uma surpresa. É um ser vivo e tem personalidade. Uma taça é um ponto para ver o mundo. Tim-tim!

Afeto e bactérias

Aprendi na infância: nunca cumprimente alguém que está comendo. Evite tocar quem está no meio de uma refeição. Jamais beije uma mulher que está entretida com a picanha. Cresci achando tais normas sábias. Há motivos de higiene básica. Também há certo constrangimento de estar com os lábios engordurados e ter de beijar alguém. Diante de comensais, a pessoa que chega deveria fazer um gesto de cabeça ou uma palavra de saudação e evitar o contato físico. Parece lógico, educado e respeitoso e com o intuito de preservar o direito e o espaço alheio. Sempre segui a regra.

De uns tempos para cá tem sido frequente alguém tentar me dar a mão enquanto como. Já tive várias reações: sorrir, saudar sem encostar, dizer algum elogio que atenue o fato de que não darei a mão que se ocupa de um temaki naquele instante. Os médicos são assertivos: as mãos são um foco privilegiado de condução de elementos infectantes. Não sou dotado de ablutomania (mania de lavar as mãos), mas eu me vejo constrangido com a tentativa.

Ter álcool gel ajuda a diminuir o problema. Você cumprimenta a pessoa e, novamente, volta ao campo cirúrgico da refeição com o auxílio do recurso desinfetante. O perigo permanece: se a pessoa observa você usar um elemento de assepsia ao se afastar, fica claro que você é um chato e maníaco. Recusar a mão estendida a outra pessoa é grave. O que fazer?

Não se trata de problema grave. O Brasil não está mal por causa de cumprimentos ou aulas de educação cabuladas por alguém. Nossa corporalidade costuma enfatizar o contato físico e o dano de recusá-lo é mais visível do que as bactérias invisíveis. Continuamos divididos entre a grosseria de se recusar o contato físico e o risco de estafilococos.

O cobertor é curto: ou descobrimos o pé da higiene ou sentimos frio no pescoço da amabilidade. Não existe boa solução. Como eu disse, o problema é menor. O central é uma divisão básica em toda ação humana sobre qual o mal menor, o dano mais controlável e a ação menos agressiva a tomar.

Em quase todas as sociedades do planeta Terra, o toque tem mais códigos e é mais difícil do que na brasileira. Nós tocamos, pegamos, espanamos ombros, penteamos a pessoa a nossa frente, mexemos em seus botões, abraçamos com estardalhaço e a beijamos com devoção: uma, duas, três vezes; na bochecha, na fronte, nas mãos. Nosso hábito submerge tríptico mãos/refeição/higiene em um mar de afabilidade invasiva. O corpo, no Brasil, não é um perigo ou o inviolável hospedeiro de minha existência, é um convite e um mundo a ser compartilhado.

Há sociedades nas quais o contato físico, especialmente no mundo fora da família, é distinto. Rabinos tradicionais não apertam as mãos de mulheres que não sejam as de sua esposa. Famílias islâmicas conservadoras jamais aceitam, com tranquilidade, estranhos dando beijinhos nas suas filhas e mulheres. O norte-americano usual evita grandes toques corporais. Japonesas ficam muito constrangidas se invadimos suas pálidas bochechas com nossos lábios ocidentais. Aqui no Brasil, conservadores ou não, tocamo-nos sem liturgia, abraçamo-nos com força, beijamo-nos como norma: reordenamos o espaço físico do outro sem muita cerimônia. Corpo também é cultura. Esta crônica não teria razão de existir fora da Terra de Santa Cruz.

Além da corporalidade específica do nosso ser tupiniquim, existe nossa relação com a regra. Somos sempre intérpretes da norma, raramente cumpridores do seu desiderato. "Sim, eu sei professor que não é para cumprimentar alguém que está comendo, mas é que eu fiquei feliz em encontrá-lo." "Sim, ensinaram-me que não se deve beijar quem almoça, porém foi só essa vez." Acrescentamos jurisprudência, exceções, subjetividades e alíneas aos artigos da lógica jurídica da etiqueta. O Brasil tem 207 milhões de técnicos de futebol e idêntico número de juristas experimentados. Discordar do magistrado, que decidiu por impulso, por ocasião, abandonando a jurisprudência, é incorrer em crime pior: ser chato, antissocial, pernóstico.

Volto ao ponto. Como resolver o choque entre minhas mãos, a afetividade, a refeição e a septicemia? Há uma agravante. Tornei-me uma pessoa pública. Com isso, uma recusa minha em apertar as mãos é crime triplamente qualificado.

Torno-me grosso, ranheta e meu gesto fruto da soberba absoluta, da vaidade imensa de quem é mais conhecido. Sucesso público é uma sinfonia complexa e muitos buscam as dissonâncias para abafarem a dor dos narcisos não exaltados. Amamos algumas pessoas públicas e, com a mesma rapidez, lançamos Ícaro ao mar se ele não louva o sol da nossa própria vaidade.

Da batalha de egos ao mundo pedestre e cotidiano, como ficamos? A regra de educação existe. A contaminação é possível. A invasão de privacidade é terrível. Isso deve prevalecer? Concluo que não. O afeto deve prevalecer, mesmo sendo lógico o interdito. Alguém se aproxima e me dá a mão. Isso é imensamente maior do que toda regra. Minha mão já andou em regiões mais complexas do que outra mão humana e eu sobrevivi. Estenderei a mão sorrindo. O coração falará mais alto. Alguém me estendeu sua alma no gesto da mão. Eu aceito e me alegro. Bem, são minhas altas intenções. Em todo caso, sempre levo meu álcool gel... Perdoem-me.

Atenção, passageiro, esta é a última chamada

Vivo parte da minha vida em aeroportos. Tenho vontade de fazer amigo secreto com comissárias e pilotos. Já pensei em deixar escova de dentes na sala VIP de Congonhas. Não é algo que você deva invejar, querida leitora e estimado leitor. Aeroporto é necessário, porém é uma obrigação como a colonoscopia.

Já escrevi e falei sobre as idiossincrasias de aeroportos. Vejo pessoas entusiasmadas com a viagem, rindo alto e com ansiedade pelo destino. Misturo cobiça com muxoxo. Trabalhar é bom e eu amo o que faço, porém serei uma pessoa mais feliz quando o teletransporte de *Star Trek* fizer desaparecer a necessidade de aviões. Um botão e pimba! Você surge do outro lado do planeta. Viverei para vê-lo? Alguém no futuro terá piedade do século no qual as pessoas se apertavam em aviões por horas em rituais patéticos de malas e raios x? Espero que sim.

Há coisas que ainda não podemos fazer. Teletransporte é uma delas. Outra é inculcar estratégia e visão em todos os passageiros. Desço no Portão 1 de Congonhas. Significa que saio do *finger* e, à direita, existe uma parede, sólida e ampla, impenetrável. À esquerda, muitas placas indicando o desembarque e pezinhos no chão traçando uma trilha à maneira de mapa do tesouro. Não houvesse indicadores gráficos, haveria uma barreira intransponível: uma parede. A esquerda não é um conselho, é a única possibilidade física. Bem, muitas pessoas saem comigo da aeronave e ficam em dúvida. Qual poderia ser a dúvida, pelo amor de Newton? Você pode atravessar paredes como um mutante X-Man? Não? Você é apenas um mísero mortal e o concreto pode detê-lo? Então só pode ser para a esquerda. Não é tão fácil, minha querida leitora e meu estimado leitor. Muitas pessoas, muitas mesmo, ficam bastante tempo olhando entre a opção parede e opção desembarque. O que se passa na cabeça dessas pessoas? Não sei. Talvez nunca possa ser mudado. São cérebros tão intransponíveis como as paredes que contemplam. Deixemos de lado os imutáveis.

Queria lançar uma campanha sobre aquilo que pode ser mudado. Estive em muitos aeroportos silenciosos do planeta. São espaços nos quais todas as informações estão nos painéis. Não existem avisos sonoros a não ser excepcionalíssimos. Acho profundamente civilizado.

Nossos aeroportos são muito poluídos por decibéis. Há três ou quatro (ou mais) avisos de "última chamada". Por definição, se é uma última chamada, deve ser a última mesmo e, por lógica, só uma, a última. Os avisos são abundantes e, quase sempre, repetidos em um determinado tipo de inglês que nada serve a quem tem essa língua como materna.

Há placas indicando a posição de cada um nas filas. Depois, há avisos antes do embarque. Finalmente, uma funcionária chega às filas e repete, em voz alta, o aviso das placas e do microfone. Depois, o aviso sonoro soa novamente. Qual o problema? Em comunicação, excesso de avisos equivale a nenhum aviso. Multiplicar informações diminui sua eficácia. Reagimos com surdez seletiva. Isso é uma regra intransponível.

Alguém pode, com razão, pensar naquele simpático passageiro que está lá no Portão 1, ainda em dúvida sobre atravessar a parede. Para ele é que os avisos são feitos. Podem dizer com toda razão: "Leandro, você viaja todos os dias, mais de uma vez, há muitos anos. Você não precisa e não quer avisos barulhentos, mas eles são importantes a pessoas que possuem menos familiaridade com espaços aeroportuários". Creio, por observação, que os avisos estão atrapalhando exatamente aquele simpático aspirante a X-Man da parede. Ele é que fica perdido como uma pessoa diante de um grosso manual de instruções. Os avisos são ineficazes, barulhentos, excessivos e atrapalham muito quem sabe e não orientam quem não sabe. Por que não instituir aeroportos silenciosos, no máximo com um *Concerto de Brandemburgo* de Bach ou uma música de Tom Jobim suave? Que paraíso! Que sonho dourado para ir ao céu após ter tido uma prévia da bem-aventurança musical tranquila...

O silêncio foca e permite que as pessoas se concentrem. O barulho perturba e tira a concentração. Simpáticos funcionários poderiam estar em pontos nevrálgicos e, em voz suave e baixa, ajudariam as pessoas que necessitassem de mais orientações. Outros aeroportos de maior fluxo fazem isso e parece funcionar. Ou melhor, sendo sincero, nunca funciona de jeito nenhum, porque o ser que está lá, ao lado da parede, continua lá e lá ficará, não importa quantos avisos, placas e desenhos possamos fazer. O silêncio, ao menos, favoreceria os que sabem que não podem atravessar paredes. Com o silêncio, em última instância, eu teria o benefício de não querer bater a minha cabeça na parede, desesperado com tanta gente perdida e tanta gente berrando em português e em outra língua alienígena que esta é a "última chamada" para os humanos que não podem atravessar paredes.

PARTE DOIS
A família e o tempo

A mãe dele e a minha

Você já ouviu falar dos discípulos diretos de Sigmund Freud: Jung, Reich ou outros. Talvez tenha sido informado da obra de Anna Freud, sua filha. Existe uma chance de seu olhar ter sido capturado pelas inquietantes imagens de Lucian Freud, seu neto. Seus discípulos indiretos, como Lacan, são quase tema jornalístico. Mas, e de Amalia Nathansohn (1835-1930), a mãe de Freud?

O vasto campo do conhecimento humano que tem Sigmund Freud como um dos pilares, a psicanálise, trouxe a figura da mãe para o centro do debate. Desde Nossa Senhora, nunca as mães estiveram tão na moda como entre profissionais terapeutas, psicólogos, psicanalistas e psiquiatras. Aliás, creio que não existiria o divã sem as mães. Qual parcela da conversa do paciente com o profissional é focada na genitora? Creio que seja maior do que as preocupações com o governo Temer ou com a taxa cambial. Édipo-filho fala mais do que Édipo-rei. A microfísica do poder familiar, cujo nó de Górdio está na mãe, é o sol em torno do qual nossos planetas desequilibrados orbitam.

Volto ao eixo central: se a mãe é muito ou quase tudo na teoria freudiana, não seria interessante pesquisar mais a vida de Amalia? Ela era a terceira esposa do pai de Freud e foi descrita por todos como de temperamento forte (geralmente um eufemismo para dizer: pessoa difícil). Morreu aos 95 anos.

Hipótese ousada: seria o nosso Sigmund um indivíduo com obsessão pela mãe? Para diminuir suas muitas angústias e dores, ele teria universalizado uma experiência privada de modo a diminuir a especificidade da sua biografia? Freud era um gênio e sua prosa científico-literária é brilhante. Ele seria capaz de enredar o Ocidente todo na tessitura da sua tragédia individual? Teria o dr. Sigmund usado seu vasto campo teórico para compreender sua própria dor?

Freud era judeu do centro da Europa. As mães judias possuem fama universal de preocupadas com sua prole. Conhecendo muitas e também de outras ascendências, confirmo que as judias são muito cuidadosas, mas não muito mais do que as italianas ou brasileiras. Variam a língua e a cultura, permanece o foco. A maternidade implica certo grau de liberdade em relação ao pensamento cartesiano. Mães inteiramente racionais não seriam mães.

Aumentemos nossa teoria conspiratória. A mãe mais famosa do Ocidente é outra mãe judia: Maria. Seriam estas duas mães, Nossa Senhora e Amalia, a origem de toda nossa questão edípica? Além da Bíblia, de parte da ética e do monoteísmo, teria a cultura judaica contribuído com duas mães que mudaram o destino do mundo?

Freud era um homem de 58 anos quando se oficializou a comemoração do Dia das Mães, em 1914, nos Estados Unidos. Aliás, ele nasceu em 6 de maio, perto do que se consagraria entre nós como a festa das matriarcas: o segundo domingo deste mês.

O amor de Maria pelo Menino Jesus colaborou para criar a própria ideia de maternidade na Europa. Elisabeth Badinter (1944) sustenta que o amor de mães por filhos é recente e uma invenção histórica (livro de 1980, *L'Amour en Plus*, entre nós chamado *Um amor conquistado: o mito do amor materno*).

Há muitos argumentos históricos para embasar a posição da pesquisadora francesa. Talvez o amor materno seja mesmo um fato do mundo moderno e que cresceu a partir do século XIX. Suas raízes estariam nas imagens da Madona, no texto *Emílio*, de Rousseau, no esforço das igrejas e em pinturas como a de Madame Vigée-Le Brun. É um esforço que trouxe à tona tanto a invenção da criança como a definição da mãe.

O processo é vitorioso. As mães amam seus filhos e por eles dão a vida. A família está em alta, como notou Luc Ferry (*Famílias, amo vocês*): no Ocidente, morrer pela família tornou-se a única *causa mortis* considerada nobre.

A mãe de Freud, a mãe de Jesus, a mãe de Elisabeth Badinter: muitas e variadas mães assombrando nossa convicção do amor materno como incondicional. O historiador não pode ignorar os muitos fatos que produziram o que chamamos hoje de maternidade. O filho ignora, emociona-se, pede à razão que vá dar uma volta e está preparado para almoçar com dona Jacyr hoje. Afinal, se inventado, este amor existe e partilho dele.

O primeiro sentimento de toda a humanidade foi chorar por ter sido separada de sua mãe. Passaremos a vida longe do útero, lutando para igualar uma felicidade inconsciente e universal, plena e onírica da vida dentro do ventre materno. Nada suprirá esse vazio. Um dos codinomes do demônio no Nordeste do Brasil é "filho de chocadeira": por não ter tido mãe, ele não compreende o amor.

Feliz Dia das Mães a todas as notáveis mulheres brasileiras que possuem filhos ou que protegeram crianças e as tomaram por suas. Feliz Dia das Mães, todas elas: as casadas, as separadas, as solteiras, as lésbicas, as mães do poliamor, as religiosas que cuidam da creche e do orfanato e a todas as mães em todas as formas. Feliz Dia das Mães para a minha e para as outras que não tiveram um filho seu e cuidaram de muitos filhos de outras. Obrigado por vocês existirem. Somos espectadores de uma cena de amor que nos comove há tempos.

A segunda chance

Os nomes não constam nas Bíblias oficiais. Graças aos chamados apócrifos, livros que não fazem parte da lista canônica, denominamos os avós de Jesus de Joaquim e Ana.

Os pais de Maria eram idosos quando a conceberam. Essa é uma tradição narrativa que pode ser verificada em Sara e Isabel, mães maduras de Isaac e João Batista. A ausência de descendentes é um mal gigantesco para as famílias bíblicas. Assim, uma mulher fora da idade fértil e que concebe um rebento tardio é, a rigor, uma mostra imensa do favor divino. Dentre as dádivas que Deus promete ao patriarca Abraão, a questão de filhos tem destaque poético: o Altíssimo o manda contemplar as estrelas do céu e diz que assim seria sua descendência (Gn 15,5).

São Joaquim e Sant'Ana esperaram em prolongada agonia da esterilidade. Finalmente, na data tradicional de 8 de setembro, geraram uma menina que seria conhecida como Maria. E 26 de julho, dia de São Joaquim e Sant'Ana, é o Dia dos Avós.

Curioso que não existem muitos registros de imaginação artística de Jesus com os avós. Há cenas frequentes dele com o pai na carpintaria, com a mãe e, finalmente, com a Sagrada Família toda. José foi reabilitado a partir da Idade Moderna e assumiu a palavra que nos fazia rir na escola ao ler: pai putativo do Salvador. O putativo era lido no colégio entre risadinhas nervosas. Uma vez, a professora pediu que substituíssemos por adotivo, um bom e honesto sinônimo. O colega que leu o texto confundiu-se e fez a mudança no meio, produzindo pai putadotivo, neologismo involuntário e ainda mais risível.

Sant'Ana mestra é uma imagem clássica do período colonial. Está sentada, quase uma catedrática, e ensina a jovem Maria a ler as escrituras. Outros apócrifos criam a tradição de que Maria foi entregue para educação no templo, o que explicaria a condição excepcionalíssima de uma mulher pobre alfabetizada no século inicial da nossa era.

A padroeira das avós e o padroeiro dos avôs não são exibidos com o neto sagrado, mas com a filha famosa. Seria lícito (ainda que imaginativo) supor que Maria tivesse convidado os pais, se vivos, a visitarem ou morarem no Egito. Nossa capacidade criativa chegou a inventar uma santa serva da Sagrada Família, Santa Sara Kali, importante na cultura romana. Jesus teria crescido com a benéfica influência de um pai artesão da madeira, de uma mãe especialíssima e dois bondosos avós.

Estou na idade de ter muitos amigos e colegas virando avós. Quando eu tinha 30, ia a maternidades e batizados. Passando o cabo austral do meu cinquentenário, recebo a notícia frequente de colegas avoengos. Quase todas e quase todos descrevem virar avó ou avô como uma oportunidade extraordinária. Ouço que é uma paternidade sem responsabilidade formal, maternidade aprimorada pela tranquilidade dos anos: as expressões variam muito. Suponho que fica esvanecida a ideia de que devo incutir caráter ou estabelecer códigos normativos com o neto, pois essa já seria a função dos pais. Ao avô ou avó, caberia mais "estragá-los" com mimos inefáveis. Se o esforço resultar do processo uma criança mimada e birrenta, óbvio, a culpa será dos pais. Ninguém jamais apontou o dedo para avós na genética do *enfant gâté*. Avós são seres especiais porque, exatamente, abriram mão do projeto educativo-normativo e decidiram abraçar a máxima agostiniana: ama e faze o que quiseres!

A casa dos pais é a casa dos legumes e dos sucos. A dos avós é a casa do sorvete e do chocolate. Os pais moram em um país definido com leis; os avós mudaram-se para uma ilha tropical e sem governo. Os pais admoestam, instruem, instam e vociferam. Os avós acatam e não cumprem; fazem ouvidos de mercador.

Victor Hugo, depois da tragédia de perder o filho e a nora, criou dois netos. Escreveu poemas para eles e os publicou com o título *A arte de ser avô* (1877). Sobre a neta Jeanne, rememora quando a tirou de um castigo com um pote de doces. Rachel de Queiroz, em sua *Arte de ser avó* (1964), confirma a vocação para a indulgência: a avó, diz, "leva a passear, não ralha nunca. Deixa lambuzar de pirulitos. Não tem a menor pretensão pedagógica".

Talvez, os protegidos de Joaquim e Ana já tenham notado que, tendo sido educados com regras duríssimas, elas não são a garantia da felicidade e do sucesso. Pode ser que imaginem ter pouco tempo pela frente e não estejam dispostos ao custo emocional dos limites. Adequado supor que se sintam um pouco culpados pela opressão sobre os pais dos netos. Talvez, enfim, a experiência os tenha afastado de molduras estreitas. Avós são um calmo estuário para se refugiar das águas rápidas e mais jovens das marés paternas e maternas. Ser avô e ser avó é uma segunda chance, um doutorado, uma oportunidade de reescrever o rascunho da juventude.

Não conheci meu avô paterno, Carlos Karnal. Sua esposa, Edyth Hacker Karnal (sempre leio esse sobrenome do meio com certo humor) enviuvou cedo e lutou para criar dois filhos. Era uma mulher bonita de olhos azuis como uma safira fria. Seu arado biográfico pouco sulcou nossas almas.

Meu avô materno, Ervin Schlusen, era um alemão alto e com forte sotaque. Era um camponês no sentido estrito da palavra, com certos hábitos de autoridade que remetem ao filme *A fita branca* (2009, Michael Haneke).

Minha avó materna, Maria, foi muito presente na nossa infância e, de longe, tornara-se melhor avó do que fora mãe. Hábil ao fazer cucas, habitava um universo de práticas mágicas e superstições. Passamos muitas noites ouvindo suas histórias inverossímeis de fantasmas que despencavam em partes de figueiras nas estradas. Sua consciência morreu alguns anos antes do corpo. Cérebro, coração, articulações e bexiga são dramas de avós.

Crianças e Jerusalém

Viajar em aviões, navios e ônibus, quase sempre, implica dividir espaço com crianças alheias. Os bebês chorarão assim que o avião decolar, premidos pela dor nos ouvidos. As crianças maiores ficarão inquietas, especialmente em trechos longos, batendo os pés no banco da frente sem perceber que, logo adiante, se encontra minha pleura como uma capa estendida no tambor da paciência. Ao meu lado, há poucas semanas, uma mãe decidiu trocar as fraldas da filha, no banco vazio entre nós. Tentei desviar o olhar e ocluir o nariz. Foi pouco eficaz. Tentei praticar a compaixão e compreender o problema daquela moça. Tentei muito mesmo.

A favor de toda tolerância: todos fomos crianças. Também todos já fomos analfabetos e tivemos períodos de escassez dentária na infância. Alguns adultos corrigem essas duas ausências com o tempo. Sabemos que crianças precisam ir ao banheiro apenas e tão somente quando o avião entra em turbulência ou quando aterrissa. Crianças nunca são estratégicas, previdentes ou prudentes. Nunca um infante pensou em um casaquinho ou um guarda-chuva preventivo. Até os 7 anos, longo prazo é o minuto seguinte, crescendo para 15 minutos depois disso.

Estômagos mais delicados e intestinos mais selvagens, crianças guardam relações ambíguas com matéria alimentar ingerida ou semiprocessada. Nunca me esquecerei de um episódio de quase três décadas. Entrei no elevador do meu prédio, e lá estava uma mãe elegantíssima em *tailleur* preto e blusa de seda branca segurando um fofo bebê. Pouco antes do térreo, o bebê decidiu que o achocolatado ingerido antes não era do seu inteiro agrado e o devolveu ao mundo sobre a roupa de trabalho. A mãe parecia atrasada. Seu filho decidira que o horário era item irrelevante comparado ao seu paladar. Por um breve instante, vendo o olhar de desolação daquela mulher, imaginei que pontualidade era uma cortesia de reis e um apanágio de quem não tinha filhos pequenos. Se a mãe imaginasse que o chocolate era um produto da Mesoamérica e bastante popular entre maias, teria completado o impulso genocida europeu do século XVI. Eu, imóvel em um canto do elevador, respirava aliviado de ter conseguido evitar sobre meu terno o retorno do cacau recalcado.

Sim, a mãe ficou desolada, mas era seu filho, sua obra máxima, sangue do seu sangue, tendo emergido do seu ventre entre dores e esperanças. Talvez por isso que, de forma algo vulgar, alguns insistem em lembrar que filhos e flatos só suportamos os de nossa autoria.

Todas as minhas posturas mudaram há alguns anos. Conto a seguir. A primeira vez que fui a Jerusalém foi muito forte. Cidade dourada, histórica, densa, com uma memória que os livros de Montefiore e Karem Armstrong tinham avivado. Do hotel King David tomava algo no fim da tarde olhando a muralha e recriando Davi, Salomão e a entrada da arca da aliança no Santo dos Santos, o cerco babilônico, o primeiro templo em chamas, a reconstrução, a visão de Isaías, a reestruturação de Herodes, o Grande, as visitas de Jesus, o cerco, o segundo incêndio, a visão do profeta Mohamed, o horror da primeira cruzada, visitas ilustres à cidade e até a explosão de parte do hotel no qual eu estava em um atentado famoso de 1946.

No último dia da visita, fui ao Museu do Holocausto (Yad Vashemn). Era um exercício de memória terrível e necessário. Foi pior. Eu estava preparado para ver cenas de genocídio, dores, violência, barbárie. A frase de Isaías na entrada já me alertava que os nomes estavam preservados e que a dor tinha encontrado uma direção. Revesti-me de uma couraça racional, porém fui vencido. Por quê? Antes de entrar no prédio principal fui ao memorial das crianças mortas (Yad Layeled). Em vez de muitos textos, um efeito sutil e impactante multiplicava um milhão e meio de velas em memória de um milhão e meio de crianças mortas. Ambiente escuro, a chama bruxuleante das velas, a memória de mais de um milhão de seres humanos ceifados na infância pela barbárie nazista. Nomes, fotos e velas evocavam uma memória mais do que trágica. Toda morte é terrível, sempre, no entanto a morte de uma criança é uma violação de toda ordem natural, uma hecatombe, em si a verdadeira catástrofe: o fim de uma geração futura. Nada do que eu lera me preparara para aquilo. Desmontei como nunca tinha acontecido. Chorei convulsivamente, por muito tempo. Chorei por aquelas crianças. Chorei pelas crianças de Darfour, no Sudão. Chorei pelas crianças de rua no Brasil. Chorei pelas crianças de Biafra, na Nigéria. Chorei pelas crianças árabes dos acampamentos de Sabra e Chatila. Foi uma das coisas mais fortes de toda minha vida e eu estava feliz por estar sozinho. Teria sido difícil a comunicação com outras pessoas depois disso.

Eu disse que tinha mudado. Desde aquele dia em Jerusalém eu prometi a mim mesmo que todo choro de criança, todo bebê que grita ou me impede a concentração é uma vela a menos naquele museu. Toda vida que se manifesta é uma biografia com horizonte e esperança. Todo pirralho correndo no restaurante está vivo. Devemos corrigir crianças que se excedem para que aprendam que não estão sozinhas no mundo e que existe o outro. Sim, é nossa obrigação. Depois que vi aquele testemunho da morte de tantas crianças causada pela intolerância, minha relação com a agitação infantil mudou.

Carta ao pai

Uma vez li um texto impressionante de Kafka: a *Carta ao pai* (1919). O escritor tinha uma raiva muito forte do austero Hermann Kafka. A correspondência parece nunca ter sido enviada. Funcionou como um exercício psicanalítico para o autor de *O processo*. Para ouvir a si próprio, Kafka escreveu.

A decepção de Franz vinha de uma crise maior. O pai recebera, de forma fria, o anúncio do seu noivado. A biografia do literato era mediana e ele atribui muito das suas dores ao caráter crítico permanente do pai. Da sua cadeira, Hermann atacava tudo e se considerava superior a todos. Ninguém escapava do crivo demolidor das análises.

Como quase sempre, as dores de Franz são ligadas ao ser amoroso e ideal que ele gostaria de ter tido. A carta é um pedido de afeto, um reconhecimento da importância da figura do pai. O ódio contido no texto disfarça uma súplica. A amargura destilada em dezenas de páginas manuscritas grita por atenção e cura. Kafka reclama que o pai não o via como ele era. Contraditoriamente, o gênio de *A metamorfose* busca um progenitor que não existia.

Nunca sei se amamos ou odiamos alguém real ou uma construção nossa. Também imagino que, se o pai do escritor tivesse criado um ambiente de amor intenso, se Kafka filho não fosse feio e tímido, se em vez de pertencer a um grupo alvo de preconceito (os judeus) ele fosse um checo católico e se tudo desabrochasse ante os pés de Franz... Se tudo tivesse ocorrido em leito de rosas, será que possuiríamos as obras brilhantes que temos? A dor gera mais rebentos do que a felicidade.

Meu pai se foi em 2010. Já falei e escrevi que a morte de um pai ou de uma mãe tem o poder de nos deslocar no mundo. Envelhecemos quando ficamos órfãos. Se você tem 70 anos e seu pai 92, você é ainda filho, ainda tem uma geração à frente e se concebe, simbolicamente ao menos, como alguém que deve receber e não apenas dar. Ser filho é aceitar que alguém vai nos ofertar algo e isso se torna natural. O amor paterno é o amor da dádiva e da entrega, aquilo que Franz Kafka cobrava do seu pai.

Fui amado e isso é um privilégio. A paternidade é mais frequente como fato do que a vocação paterna. Ou seja, há mais gente gerando filhos no mundo do que pessoas com a real disposição de ser pai ou mãe. Como diria meu bom padre Vieira, há o semeador e há aquele que semeia. Há homens que geram filhos e há pais. Padre Vieira escreveria: há o que sai a semear e existe o semeador.

Para construir um modesto galpão, você precisa de uma ordem oficial e documentos variados. Para gerar um filho, basta ser fértil. Exigimos testes e cursos para um ser que se candidate a dirigir. Nada preexiste como ordem para a paternidade.

Sempre fico espantado com o longo percurso que uma pessoa ou casal que deseje adotar uma criança tenha de se submeter. Devem ser provadas todas as condições materiais, a idoneidade, a disposição, o espaço adequado e todo o mais.

É um procedimento correto, pois a responsabilidade é imensa e há gente mal-intencionada no mundo. Para quem manifesta o desejo de adotar, o rigor aparece logo. Para quem deseja um filho biológico, nenhum papel prévio, verificação de condições ou visita oficial. Não parece contraditório?

O que este cronista está dizendo? Que o Estado deveria autorizar alguém a ter filhos? Não! Nunca! Apenas noto a disparidade enorme de critérios entre coisas parecidas: gerar e cuidar de crianças. E, se na sanha de tudo controlar, o Estado passasse a emitir alvarás aos recém-casados com autorizações? Creio que o desastre seria maior. Em parte, a humanidade conseguiu sobreviver porque resta às pessoas alguma autonomia. Ao menos até agora, temos evitado mais um prédio em Brasília: o Ministério da Paternidade a ser entregue a algum partido aliado. Claro, logo após existiria o Ministério da Maternidade e o Ministério da Adoção. Impossível? Aguardem leitores, aguardem, já tivemos um Ministério da Pesca. Tilápias já geraram empregos em alto escalão.

A humanidade segue assim, bela e caótica. Pais amorosos e perfeitamente preparados para o desafio de uma vida inteira. Pais violentos e pais relapsos que, infelizmente, já não possuem filhos com o talento de Kafka. As dores da infância preenchendo consultórios terapêuticos e todos tecendo uma biografia que, com suas lacunas e espaços preenchidos, vai-se equilibrando.

Sempre me pareceu que a paternidade tivesse um dado um pouco mais racional do que a biológica maternidade. Talvez seja só uma construção, mas há algo distinto no ser que saiu das suas entranhas daquele que você viu, já pronto, fora de você. Interessante notar que o plano humano de uma família para Jesus era, segundo a tradição, ter uma mãe biológica e um pai adotivo.

O mundo desfez parte da tradição da família com pai e mãe e dois filhos sentados à mesa do café da manhã. O IBGE mostra um avanço enorme de famílias dirigidas por apenas uma pessoa, bem como famílias de pais homoafetivos. Continuaremos tecendo nosso macramê curioso e variado da espécie humana. O Estado persistirá em suas tentativas de intervenção e, ao largo, prosseguiremos nessa aventura fascinante e desastrosa de constituir espaços de afetos. Que de bons pais brote felicidade e de maus pais, ao menos, obras literárias.

Histórias e crianças

Meu sobrinho e afilhado Davi tem 8 anos. Já lê com habilidade, tem uma energia que esmorece o reator atômico mais potente, adora jogos no seu tablet e, acima de tudo, ama ouvir histórias. Quando estamos juntos, conto algumas passagens históricas e épicas adaptadas para a infância. No Dia das Mães, contei-lhe a lenda do Mapinguari, o ser comedor de gente da Amazônia. Por conta de minha narrativa e encenação teatral do monstro, meu irmão reclama que o pequeno perde o sono à noite.

Na praia, no início do ano, narrei com liberdade poética a *Odisseia* de Homero, pulando algumas partes e me concentrando em Circe, Polifemo e nas sereias. Na minha fantasia, tendo ouvido esses nomes de forma lúdica, ele será atraído para narrativas mais complexas. Mais tarde, contarei a Telemaquia, os cantos iniciais da obra, com mais fidedignidade. Por fim, suponho, ele terá o prazer de se perder nos versos originais e ler, com prazer, os derivados de Homero, como o *Ulisses*, de James Joyce. São fantasias de tio-professor. Será que a geração dele lerá poesia épica? Quando Davi atingir minha idade atual, estaremos em 2064. Eu já estarei em alguma Ítaca da memória e ele terá diante de si um mundo sobre o qual não ouso sequer imaginar.

O futuro é sempre incerto. Já falei para plateias que aprendi muitas coisas que ficaram defasadas. Sou bom com mimeógrafos e uso com habilidade um retroprojetor com lâminas de acetato. São duas habilidades tão úteis quanto seria hoje cardar a lã de uma ovelha em São Paulo. Porém, os eixos estruturados da minha formação, especialmente leitura, permanecem presentes nas adaptações que a vida e o progresso técnico me impuseram. Tudo o que li e aprendi formou uma rede que permite, ainda hoje, pescar novos conceitos e associá-los a ideias. As histórias que ouvi de meu pai, dos meus professores na escola ou que li de forma autônoma são parte estruturada e estruturante da minha cabeça. Minha imaginação existe graças a elas.

O futuro é sempre incerto, eu já disse. Mas o preparo dado pela sólida imaginação infantil dará gramática para a busca de novas palavras. Quando digo gramática não é apenas a dicionaresca, todavia a capacidade de abstrair, pensar, voar, sair do comum e ampliar. Narrar histórias para criança permite que ela saia do mundo imediato, erga ao infinito sua potência de voo e chegue muito além do que seus limitados pés podem levar.

O primeiro desafio é narrar histórias adequadas à faixa etária. Nisso, crianças e jovens serão o melhor júri: os olhos brilham com algo interessante e fogem do foco quando a narrativa está fraca. Seus ouvintes são os mais aptos juízes. Olhe para eles.

Ajuda envolvê-los na escolha da história. Algumas livrarias contam com um setor de obras infantis e juvenis. Bibliotecas públicas maiores apresentam uma área especial. Na ausência do livro, há boas histórias na internet, com imagens. Na falta de tudo, aumenta nosso compromisso com a narração e o improviso.

Não é possível ser artificial com crianças. Se ler não representa algo para você, ela notará rapidamente. O resultado será desastroso. Funciona como comida: se o brigadeiro é o prêmio para comer quiabo, é lógico supor que o vegetal não é tão bom, já que ele é o pedágio para a felicidade. Por absoluta lógica cartesiana, a criança vai preferir o brigadeiro. Funciona assim com livros. O livro deve ser o brigadeiro e não o legume necessário como multa.

Narrar uma história para uma criança é colocar uma marca indelével na sua formação. Creia-me: ela pode esquecer os nomes, no entanto a experiência será eterna. Para sempre, estarão no fundo da mente, dialogando com outras histórias.

Amo livros, entretanto também vejo valor em ver uma animação com uma criança e fazê-la pensar. Temos enorme variedade para escolher. Só para dar um exemplo, *Divertida mente* (Pete Docter, 2015) possibilita um exercício fantástico para consciência de si e sobre como lidar com sentimentos de raiva ou tristeza. Livros, desenhos, histórias em quadrinhos, animações e quadros de museus: tudo é material para a expansão da imaginação. Histórias tristes, divertidas, românticas, de terror, mitológicas e outras: a vida é complexa e as histórias ajudam a lidar com ela.

O que pode estragar o projeto é a ansiedade dos adultos em formar pequenos gênios. Isso diz respeito mais à vaidade dos grandes do que ao anseio dos pequenos. As narrativas não podem ser formais ou em estilo aula. Cada um tem seu ritmo. Inteligência não vem acoplada com o conceito de rapidez.

Outra questão importante: ler histórias e acompanhar narrativas podem estimular a formação de foco. Todo o mundo contemporâneo e seu dinamismo são dispersivos. Estou convencido de que existe o Transtorno de Déficit de Atenção e Hiperatividade (TDAH) e que, em alguns casos, implica acompanhamento médico e uso de fármacos. Porém, estou ainda mais convencido de que muitos diagnósticos que nós, leigos, suspeitamos que sejam TDAH, são apenas energia de uma criança viva, cheia de saúde e pouco estimulada a se fixar em coisas interessantes. Talvez falte a ela mais livros e menos remédios.

Faça parte desse desafio e conte uma história todos os dias para seu filho.

PARTE TRÊS
História e memória

Houve escravidão no Brasil?

Treze de maio: a data era a efeméride desejada pela elite brasileira, pois mostrava a Lei Áurea como um gesto da generosidade da princesa Isabel. Católica, a princesa de olhos claros, com uma penada, redimira uma raça. Sua frase ousada era lembrada nos textos didáticos antigos: sob o risco de perder o trono pela iniciativa, Isabel teria respondido que, se mil tronos tivesse, mil tronos daria para libertar os escravos do Brasil.

Quando eu estava na quarta série do então primário, a professora comentava o 13 de Maio afirmando, com segurança, que a maioria dos negros gostava tanto dos seus donos que permaneceram nas fazendas mesmo após o domingo da libertação. Claro, professora e alunos éramos todos brancos e felizes que, afinal, a escravidão não era assim tão terrível e tínhamos uma certa felicidade em pertencer a um país sem atritos graves e destituído de terremotos. Esse foi um dos grandes mitos nacionais: o caráter benigno da escravidão tupiniquim.

A escravidão foi uma violência sem precedentes. A barbárie do transporte, a desumanização, a violência de grupos negros que capturavam outros africanos e de brancos dos navios tumbeiros. O leilão, o transporte interno, a introdução no universo do trabalho escravo: tudo se revelava um genocídio de milhões de seres humanos.

A instituição do trabalho escravo é tão forte no processo histórico nacional que ainda dialogamos com a herança derivada. Considerar o racismo um crime inafiançável, mesmo sendo um imenso avanço jurídico na luta pela cidadania, é também prova da intensidade do sentimento entre nós. Avanço das leis em resposta a uma consciência presa ao mundo da casa-grande e da senzala: esse o fato objetivo e direto de uma sociedade que ainda incorporou pouco a ideia da igualdade.

A escravidão é um fato e é uma memória. O interessante da memória é que ela incomoda há muito tempo. O Hino da República, que quase foi escolhido como novo Hino Nacional Brasileiro, dizia num verso pouco cantado hoje: "Nós nem cremos que escravos outrora tenha havido em tão nobre país". Outrora... O hino foi publicado no *Diário Oficial* menos de dois anos após a abolição do trabalho compulsório negro. Seria como alguém dizer que não acredita em algo que ocorreu antigamente, em 2016... Há uma tendência de se negar o passado, porém, normalmente, os negadores esperam passar um número respeitável de anos antes de sepultarem um fato. O Hino da República, no seu impulso político de associar o Império à escravidão e ao atraso, esperou bem menos.

Existe um princípio em História e em jornalismo: devemos contrapor fontes, checar e também escutar "o outro lado". Isso é fundamental para discutir temas clássicos e espinhosos. Porém, como já debati com colegas da imprensa, há fatos que não possuem o outro lado. Não existe o ponto de vista do estuprador ou do nazista ou, pelo menos, não é um ponto de vista válido. Não existe a versão do traficante de escravos ou do escravocrata da lavoura. Não pode existir o argumento do homem que chicoteia seres humanos ou do racista. O limite de todo relativismo é este: a ética e a lei. Não se podem equiparar versões quando existe um crime hediondo e vítimas.

De tempos em tempos, o pensamento conservador erige descobertas como novidades absolutas. Já citei antes, mas trazer à tona o fato de que tribos litorâneas colaboraram com o tráfico parece indicar algo do estilo: bem, se é assim, a culpa europeia e branca deve ser bem menor. Da mesma forma, identificar que nazistas usaram mão de obra da Letônia e da Ucrânia como guardas em campo de concentração deveria indicar que o nazismo não é tão reprovável. A extensão do número de criminosos não diminui o crime e a dívida histórica continua. Tais argumentos são formas de neorracismo e não nascem de um esforço historiográfico e de pesquisa, mas de um esforço contemporâneo de negar políticas afirmativas como cotas. Amnésia e memória seletiva são recursos interessantes. Em tempo de "escola sem crítica", nada impede que, em breve, o hino republicano passe a ser axioma histórico: nós nem cremos que escravos outrora tenham existido por aqui... Escravocratas de ontem e de hoje não são o outro lado que deve ser ouvido, são criminosos que devem sofrer os rigores das penas constitucionais. Liberdade de expressão não pode incorporar apologia ao crime. Racismo é crime: simples e direto. A memória deve trazer à tona nossas angústias, jamais encobrir desvios.

Velho axioma de Clemenceau, líder francês ao refletir sobre como os historiadores tratariam a Grande Guerra no futuro: ele esperava que nunca se dissesse que a guerra começou com a Bélgica invadindo a Alemanha. Nos dias que correm, temo que novos livros didáticos "neutros" mostrem como negros escravizaram negros, depois transportaram em navios de traficantes negros para as Américas e venderam negros aos grandes latifundiários negros do Brasil, apesar dos protestos imensos da oprimida população branca no cais do Valongo. Você pode ser conservador, liberal, socialista, anarquista ou qualquer posição do espectro; só não pode ser racista. Isso é coisa de radical? Para mim é apenas coisa de quem leu a Constituição de 1988 e que sabe que o presente é carregado de passado.

O direito de papel

No dia 26 de agosto de 1789, os deputados franceses lançaram um dos grandes documentos da modernidade: a Declaração dos Direitos do Homem e do Cidadão. Era um vigoroso manifesto iluminista contra o Antigo Regime. Foi uma resposta ao crescimento dos movimentos sociais no verão de 1789, nas tensas semanas entre a queda da Bastilha, a onda de saques do Grande Medo e o fim dos direitos feudais (4 de agosto).

Os artigos da Declaração demolem o prédio secular do Absolutismo de Direito divino e da desigualdade social pelo nascimento. Era um novo mundo, pelo menos no papel. Deputados homens, na maioria de origem burguesa, refizeram o mundo pela sua perspectiva. Quando uma voz dissidente e feminina, Olympe de Gouges, lançou a Declaração dos Direitos da Mulher e da Cidadã, foi parar na guilhotina. Sejamos justos: a guilhotina não era machista. A lâmina ignorou gênero: matou Danton, Robespierre, Luís XVI, Maria Antonieta, freiras carmelitas e Lavoisier.

O texto de 26 de agosto é fundacional nas suas glórias e limitações. Suas ideias varreram a Europa e atravessaram o oceano. A Revolução de 1789 resultou na tirania napoleônica, porém, curiosamente, foi Napoleão que difundiu muitos legados revolucionários, inclusive o sistema métrico decimal. Os ingleses se orgulham de não terem sido invadidos pelo corso, juntam a seu nacionalismo invicto as jardas, as libras e até "*stones*".

Em 1948, a jovem ONU revisitou a Declaração. A Segunda Guerra Mundial ainda contabilizava seus genocídios e a Guerra Fria estremecia Berlim. A Assembleia aproveitou o momento e organizou a Declaração Universal dos Direitos Humanos.

É impossível discordar de uma única linha do texto. Ali está o melhor da humanidade como nós sonharíamos que ela fosse: tolerante, democrática, igualitária e respeitadora das diferenças. Ali o *Homo sapiens*, na sua sangrenta trajetória de guerras e preconceitos, deu uma pequena parada, respirou fundo e sonhou que as coisas poderiam ser de outra maneira. De muitas formas, o texto da ONU cumpre a origem da palavra dupla: o não lugar e o lugar bom. Se você nunca leu o texto de 1948, vale a pena consultá-lo como uma baliza de valores.

Meus alunos sempre questionam a validade de tais documentos. Do que adiantaria dizer que todos os homens são iguais e nascem livres, se por toda parte são desiguais e a maioria não é livre de forma metafórica ou prática? Qual o sentido de um papel diante do imperativo da força? O racista da Virgínia continua sua convicção canalha com ou sem o texto da ONU. O agressor de mulheres nunca leu Simone de Beauvoir. Se lesse, mudaria algo? O homofóbico responde a dramas pessoais internos que não serão transformados com as obras completas de Freud em alemão. O mundo real e material, o mundo aqui e agora, de que forma um papel pode mudá-lo? A dúvida é pertinente e forte.

A pergunta original e anterior seria sobre o que muda o mundo. Como passamos de um ponto como a criminalização da homoafetividade para uma celebração da parada gay? Como o pátrio poder jurídico perdeu a possibilidade de matar o filho como outrora? De que forma desapareceu a tortura legal?

Robert Mandrou, em um clássico da minha área (*Magistrados e feiticeiros na França no século 17: uma análise de Psicologia histórica*), lançou uma ideia. Por que os tribunais executavam tantos feiticeiros e, de repente, em um prazo muito curto, pararam de condenar à fogueira pelo mesmo crime? Mais curioso: a legislação sobreviveu alguns anos a mais, a prática diminuiu ou desapareceu.

Para Mandrou, ocorre um processo de transformação das elites, no caso jurídicas. Autores racionalistas começam a indicar que a bruxaria é uma superstição e não uma realidade. Pessoas respeitadas falam e escrevem que queimar pessoas é algo do passado. As escolas jurídicas vão incorporando os novos temas. Nos grandes centros, a influência é maior no começo. Os rincões vão recebendo aos poucos as novidades. De repente, os juízes entendem que a acusação de bruxaria é falsa e que a velha senhora precisa mais de cuidados médicos do que de exorcismos. Descartes chegou à aldeia. A Razão começa a triunfar. Sinal interessante: queimam-se menos bruxas a cada ano da segunda metade do século XVII, todavia crescem os linchamentos populares. Assim, a muralha popular filtra mais Descartes do que a dos magistrados. O procedimento (aqui extrapolo muito Mandrou) acaba reforçando a convicção da elite jurídica: a crença em bruxas é algo típico da irracionalidade do povo. A crença na feitiçaria é superada pelos togados, o preconceito contra o povo não. Em alguns casos, como na Europa Oriental, o declínio da bruxa na aldeia assistiu a uma ascensão dos lobisomens. A modernidade é sempre dialética.

Mandrou foi criticado de muitas formas. Vamos abandoná-lo por enquanto. Não tenho nenhuma dúvida do papel inseminador das ideias, boas e ruins. Um livro, como já foi dito, não muda o mundo, muda pessoas e as pessoas mudam o mundo. Entendo o ceticismo. O livro mais influente de todo o Ocidente, a Bíblia, diz no Evangelho (ponto máximo na tradição cristã) que devemos amar uns aos outros. A história do Cristianismo nem sempre ouviu a máxima do Sermão da Montanha. Ora, se a Bíblia não detêve a violência e o ódio, um livrinho escrito por Leandro Karnal poderá fazê-lo? De novo, uma boa pergunta.

A coleção *História da Vida Privada* (organizada por Philippe Ariès e Georges Duby), ao falar da educação e da intimidade do século XIX, comenta como foi sendo superada a ideia da sova violenta contra as crianças (as *tannées*). O espancamento era muito frequente no início da Idade Moderna. No século XIX, ele encontra críticos poderosos e começa a ser menos registrado nas cidades, circunscrito mais aos campos e cada vez recebendo mais condenações. O que provocou isso?

Temos um esforço teórico sobre o qual já escrevi algumas vezes. É o caso de livros, como o *Emílio* de Rousseau, que ajuda a construir uma infância como uma fase distinta e preparatória da vida adulta. No século anterior ao do filósofo de Genebra, já circulava a *Didática Magna* de Comenius, obra impactante até hoje, e que estimula o método educativo sem punição física, respeitando os limites de cada aluno. Lentamente, pedagogos que leram as obras vão afirmando que a palmatória é ultrapassada e daninha à moral do educando. Agressores e vítimas na sala de aula começam a criar o estranhamento, gênese de uma mudança.

Além da obra teórica, existem as representações. Quadros passam a mostrar famílias felizes com crianças brincando. A infância cresce e os pequenos deixam de ser adultos burros. Por todo lado, há sintomas disso. Multiplicam-se, no século xix, santinhos com a cena de Jesus cercado de crianças e dizendo que deixassem vir a ele os pequeninos. São José, perfeitamente reabilitado do seu descrédito medieval, é agora pai de família e segura o menino no colo. Surgem milhares de Colégios São José, como aquele que me formou. No século xx, o pai adotivo de Jesus ainda vira São José Operário, tentando cooptar a figura para o meio agitado dos trabalhadores. O santo agora vive sua glória em vários dias: o dia de São José Padroeiro da Igreja Universal (19 de março), o dia de São José Operário (no simbólico 1º de maio) e o dia da Sagrada Família que o inclui (31 de dezembro). Mais: o carpinteiro que o "ímpio" Saramago afirma ter se suicidado com remorsos pelo massacre dos inocentes (não advertiu os vizinhos e salvou apenas a sua família) é, igualmente, o padroeiro da boa morte.

As imagens religiosas, os livros de Pedagogia e de Filosofia, as instruções morais, os sermões, o tom das notícias da imprensa e milhares de outras fontes vão reforçando uma mudança de atitude para com as crianças. O papa São Pio x teve de vencer resistências para, em pleno século xx, reforçar o direito das crianças em receber a comunhão.

Assim, os livros, juízes, pinturas, imprensa e mercado, só para citar alguns vetores, vão-se inclinando a uma direção, incerta a princípio e mais forte a cada nova etapa. A ideia vai se tornando um consenso protegido pela aura da sabedoria e pela força da lei. A balança dos valores da justiça e a espada simbólica se encontram. Que o processo não seja rápido ou universal o provam os casos diários de racismo, de agressão de mulheres, de homofobia ou de assassinato de crianças. Preconceitos possuem raízes vigorosas e custam a morrer. A violência contra crianças continua ocorrendo apesar das leis e do papel. Mas convenhamos, querida leitora e estimado leitor, se tanta gente ainda é capaz de emitir uma opinião ou fazer uma postagem racista, se tantos jovens negros são assassinados no Brasil sendo o racismo ilegal, inafiançável e condenado por todos, imagine se a lei dissesse que esse era um direito justo e equilibrado e apoiado por Deus? A lei, os livros e as ideias boas e de cidadania são uma rede jogada ao mar. Seu objetivo é segurar peixes grandes ao menos. Quem escapará? Os peixes enormes e os muito pequenos. Os primeiros rasgarão o estatuto jurídico, como na metáfora de Sólon sobre a teia de aranha como lei: pega a mosca pequena e deixa passar o animal grande. Nossas leis são um passo. As declarações de direitos de 1789 e 1948 foram passos, curtos como os do astronauta Armstrong, pequenos para um homem e muito expressivos para a humanidade.

Se as punições previstas na Lei Maria da Penha ainda não conseguem evitar agressão contra as mulheres, imagine se ela não existisse. As boas ideias são assim, pontos fracos de luz na caverna do *Homo sapiens*. Sem elas, a escuridão seria total. Ideias boas separam civilização de barbárie.

Quando São Paulo parou

São Paulo é a locomotiva da Nação. O jargão é quase centenário. A Pauliceia não para e sua música-símbolo, em vez de falar das belezas ou da história, destaca um risco de atraso para um amante apressado: não posso ficar nem mais um minuto com você... Sempre estamos correndo atrás de algum trem das 11 e, como disse certa feita o Macaco Simão, paulista tira férias para estressar o Brasil. Estamos na terra do trabalho e do movimento ou, ao menos, é assim que construímos nossa identidade.

Mas em 16 de maio de 2006, São Paulo parou por completo. Foi uma série de ataques do PCC, alguns ônibus queimados e, em uma noite de segunda-feira, a cidade frenética virou cidade-fantasma. Houve boatos, mais medo do que perigo real, mas foram suficientes para que todos suspendêssemos atividades e ficássemos em casa, aguardando o Apocalipse que teima, como sempre, em nos escapar.

Retrocedamos. A Grande Guerra se encerrava na Europa quando notícias de uma misteriosa epidemia começavam a invadir jornais do mundo todo. Em outubro de 1918, a chamada gripe espanhola fez sua estreia na capital bandeirante. No mês seguinte, a notificação oficial já passava de 7 mil casos por dia. O pânico tomou conta de todos. Ninguém mais ia a aglomerações como cinemas, teatros e jogos de futebol. Praças foram interditadas. O comércio baixou suas portas porque sumiram clientes e os funcionários tombavam doentes. Médicos abnegados como Arnaldo Vieira de Carvalho e Emílio Ribas faziam o possível e o impossível para deter o mal. Se alguém ousava pegar um bonde, levava um lenço com algum produto com álcool ao nariz e evitava qualquer contato com as outras pessoas. O pânico foi coletivo. O próprio candidato eleito para a presidência, Rodrigues Alves, faleceu durante a pandemia. A cidade, que atingia meio milhão de habitantes, parou por completo.

No fim do ano de 1918, o mal declinou. No mundo todo, discute-se o total de mortos entre 20 milhões e 40 milhões. Foi a virulenta praga da história, superando a Peste Negra medieval.

Parte dos dados acima eu trouxe da leitura do texto de Roberto Pompeu de Toledo: *A capital da vertigem*, que dá continuidade aos volumes anteriores sobre os períodos colonial e imperial. Trata-se daquele livro que lamentamos terminar, em parte pela qualidade do texto e também pela primorosa pesquisa. Nós historiadores somos bons em arquivos e fontes, mas temos continentes a descobrir com jornalistas sobre como redigir de forma interessante sem perder o rigor.

São Paulo havia parado em 2006 e 1918. Mas, há cem anos, parou por motivos distintos de uma epidemia ou do crime organizado. Foi a greve geral de 1917.

Sigo ainda a obra de Pompeu de Toledo. Era junho de 1917. Uma das fábricas-símbolo da cidade, o Cotonifício Crespi, na Rua dos Trilhos, informou aos funcionários, sem cuidados ou diplomacia e sem nenhuma compensação financeira, que os trabalhadores teriam de fazer trabalho extra noturno. Houve reação. Um setor da fábrica parou.

As condições do operariado eram muito difíceis na República Velha. Jornadas extensas, salários baixíssimos, nenhum amparo legal significativo e códigos que poderiam incluir taxas para o funcionário ir ao banheiro. Como em quase todos os lugares, a Revolução Industrial em São Paulo iniciava seus passos baseada na exploração brutal dos trabalhadores.

O estado era governado há anos por um partido conservador, o Partido Republicano Paulista (PRP). Após perceberem que o movimento do Cotonifício estava se espalhando, o secretário da Justiça e Segurança Pública Elói de Miranda Chaves e o delegado-geral Tirso Martins decidiram chamar a Força Pública para reprimir a onda. Greve era coisa de vagabundos e de agitadores, bradavam os figurões do PRP e os jornais situacionistas. Quando a Força Pública invadiu as manifestações no Brás, houve disparos e um sapateiro de origem espanhola, de 21 anos, foi morto. O enterro de Martinez foi o estopim para que houvesse uma adesão maciça à greve. O governo prendia líderes. Era inútil.

Estávamos no período áureo da influência anarquista sobre os trabalhadores. O Partido Comunista só seria fundado em 1922. Quase todos os líderes eram de origem estrangeira.

Exceção ilustre, o brasileiro Edgard Leuenroth queria implantar o ideal libertário da extinção do Estado. Criou uma coleção pessoal sobre o movimento operário que, hoje, está sob os cuidados da Unicamp, em arquivo que consagra o nome do trabalhador gráfico nascido em Mogi Mirim.

São Paulo parou. Houve saques de farinha de trigo no Moinho Santista, na Mooca. Bondes que tentavam circular eram depredados. No Brás, os tiros ficaram intermitentes e, como escreve Pompeu de Toledo, "São Paulo foi dormir, naquele 12 de julho de 1917, com a sensação de que vivia não apenas uma greve, mas o prenúncio de uma revolução".

Como sabemos, a revolução não chegou em 1917 a São Paulo. A Lei Adolfo Gordo foi usada para expulsar muitos estrangeiros. Houve acordos e alguns ganhos salariais. A relação com movimentos sociais e a questão trabalhista permaneceria difícil até a mudança na orientação política representada por Getúlio Vargas, que, ao contrário da oligarquia da República Velha, supunha que era mais produtivo controlar o movimento operário com alguns benefícios e direitos do que enfrentá-lo permanentemente. Dúvida profética: qual será o motivo da próxima parada de São Paulo?

Intelectuais e política

Terminei de ler *Os diários de Alfred Rosenberg. 1934-1944*. A tradução é a tarefa árdua e bem realizada de Claudia Abeling. Rosenberg não é o nazista mais conhecido do grande público, mas era fundamental na máquina do Terceiro Reich. Nasceu na Estônia em uma família alemã báltica. Estudou engenharia e arquitetura na Rússia. Fugiu de lá com a Revolução Bolchevique e foi para a Alemanha. Entrou no Partido Nazista (NSDAP) antes de Adolf Hitler. Não era um grande orador. Seu antissemitismo virulento produzia artigos que foram chamando a atenção de outros e ele se tornou o teórico maior do grupo. Era o *spiritus rector*, o guia intelectual da Alemanha nacional-socialista.

Nunca foi central no círculo de Hitler, porém era de uma fidelidade canina ao Führer. Seu livro de 1930, *O mito do século xx*, virou um best-seller com mais de um milhão de exemplares vendidos. É obra canônica do delírio antijudaico. Desenvolve pensamentos do século xix, especialmente de um dos grandes nomes divulgadores do mito da raça ariana, o britânico Houston Stewart Chamberlain.

Sua maior contribuição ao pensamento de então foi associar o movimento bolchevique com o judaísmo. Rosenberg escreveu: "O bolchevismo não foi e nem é a luta por uma ideia social, mas uma luta política do judaísmo de todos os países contra a inteligência nacional de todos os povos" (p. 415). Também colaborou para a ideia de transportar todos os judeus para Madagascar e lá criar um lar judaico. Defendeu a posição em artigos. Depois mudou de ideia e optou pelo extermínio.

Seu cargo mais trágico foi ser o administrador das regiões ocupadas do Leste. No poder, implementou o ensaio violento da solução final e do genocídio. Foi um *Reichsleiter*, segundo cargo mais alto do partido nazista, um chefe que se reportava diretamente a Hitler e implementava suas diretrizes. Rosenberg registra no diário todas as manifestações do chefe para com ele: quando o austríaco toca no seu ombro, aperta suas mãos com força etc. O engenheiro venerava o cabo.

A publicação é precedida de textos muito bons sobre a biografia e as ideias de Rosenberg. O estudo introdutório sobre como os diários foram perdidos, reencontrados e reunidos desde o tribunal de Nuremberg é particularmente útil ao historiador. Sem as notas explicativas sobre nomes e fatos, o texto ficaria restrito aos especialistas. Ao final, há uma coletânea de artigos do nazista.

O diário, em si, é um desafio denso. Estilo errático do autor que, por vezes, escreve em tópicos. Em meio a verborragias estranhas, surgem linhas reveladoras da cabeça de um fanático.

Terminei refletindo sobre um homem de inteligência mediana como Rosenberg e seu papel como intelectual de uma ditadura. A política tornou pessoas comuns grandes personagens. É o caso de Hitler, homem que consagrava senso comum com ressentimento profundo. A biografia de Ian Kershaw coloca uma pá de cal nas pretensões de quem ainda imagina o líder nazista como genial (*Hitler*). Assim também um doutor em Filosofia pela universidade de Heidelberg, Joseph Goebbels (biografado por Peter Longerich), não nos apresenta um gênio, mas um homem comum. Sem a crise e a política, Hitler teria, talvez, sido um pintor de aquarelas com uma banca nas ruas de Viena. Goebbels terminaria seus dias dando aulas de Filosofia em alguma cidade alemã. Rosenberg teria um escritório de projetos arquitetônicos. Os jogos da política tornaram três homens médios/medíocres em peças-chave do Holocausto.

Uma frase fez com que eu parasse longamente para refletir. O ódio antissemita de Rosenberg, sua monomania, oferecia aos nazistas e ao povo alemão "a sensação de que suas bases ideológicas não se baseavam em idiossincrasias, fantasias de poder e sentimentos de ódio, mas, pelo contrário, derivavam de uma filosofia profunda e de fundamentações científicas. O próprio Rosenberg estava profundamente convencido disso. Muito antes de iniciar a redação de diários, seu pensamento movimentava-se em caminhos ideológicos sem espaço para análise crítica e que só permitiam à realidade ingressar no consciente para confirmar suas opiniões já consolidadas" (p. 23).

O homem comum tem medos, ressentimentos, frustrações, aspirações e dores, como todos os seres humanos. Subitamente, surge nele uma ideia tênue, pálida no começo: todos os males do mundo são provocados por um grupo do qual eu já não gosto. Sim, meu fracasso não tem minha responsabilidade, no entanto é derivado da perfídia do grupo odiado. Ainda tenho dúvidas, pode ser que eu esteja delirando e, de repente, leio um artigo ou um livro (hoje seria um *post*).

Enfim, um doutor formado por uma universidade ou ainda um *self-made* intelectual mostram-me que não é minha mediocridade que pensa assim, pois agora tenho o endosso de uma cabeça pensante. Concordo com o sábio porque ele reforça o meu pensamento. Dialeticamente, recorro a um pensador (ou pretenso pensador) para que eu não precise mais pensar. O argumento de autoridade prevalece e cria-se um elo com energia para edificar Auschwitz.

Rosenberg foi condenado à forca no tribunal do pós-guerra. Na prisão, seus últimos escritos mostravam a permanência inabalável do antissemitismo. Pergunta boa para o Brasil de hoje: por que alguém não muda de ideia mesmo quando todos os fatos desmentem sua crença?

Intelectuais: modo de usar

É possível dizer que os franceses inventaram o intelectual. Nem tanto a atividade, mas a palavra em si. O termo pode ter sido cunhado em 1864, em Chevalier des Touches, por Barbey d'Aurevilly. O conceito ressurgiria em 1879 em Guy de Maupassant e, em 1886, seria empregado por Léon Bloy. As informações são fornecidas por um exemplo de intelectual, Umberto Eco, no livro *Papé Satàn Aleppe*.

O termo só ficou corrente com o famoso caso Dreyfus. O militar francês de ascendência judaica, Alfred Dreyfus, foi acusado de espionagem pró-Império Alemão. Em processo duvidoso, foi condenado e exilado na ilha do Diabo. A discussão sobre sua culpa galvanizou a França entre 1894 e 1906, junto a debates acalorados similares ao Brasil de hoje nos quesitos política ou exposições de arte. Tocado pelo *"affair"*, Émile Zola escreveu um célebre artigo intitulado "Eu acuso" ("J'Accuse"), em 1898. A ação de Zola a favor da inocência de Dreyfus marcou, em definitivo, o modelo de intelectual atuante em grandes causas públicas.

Bruxuleia a chama do erudito humanista, trancado no *scriptorium* e mergulhado em volumes de erudição. Refulge a ação do intelectual, um dinâmico vulcão de ideias e de atitudes. Jean-Paul Sartre, ao tomar posição pública sobre episódios como a guerra na Argélia, é herdeiro da concepção do filósofo-jornalista, com raízes em Voltaire no século XVIII.

O conceito foi expandido pela reflexão do italiano Antonio Gramsci, em especial em sua ideia de "intelectual orgânico". O novo intelectual, o orgânico, "não pode mais consistir na eloquência, motor exterior e momentâneo de afetos e das paixões, mas numa inserção ativa na vida prática, como construtor, organizador, 'persuasor permanente', já que não apenas orador puro – mas superior ao espírito matemático abstrato". A citação, retirada dos *Cadernos do cárcere*, encontra-se no *Dicionário gramsciano* (organização de Guido Liguori e Pasquale Voza).

Gramsci dá, à esquerda, um sentido de missão transformadora que Marx já havia indicado no século anterior. Em polo político oposto, Thomas Sowell reclama, exatamente, da vontade intelectual de emitir opinião sobre tudo. Para o norte-americano, ser especialista em algum tema não confere a ninguém a capacidade de emitir opiniões sobre tudo. Crítico do modelo que encontra em Noam Chomsky seu arquétipo, o livro *Os intelectuais e a sociedade* é uma metralhadora giratória contra os resultados desastrosos, para Sowell, da tentativa intelectual de guiar a opinião pública.

O que ocorreu nos últimos anos foi a difusão de um gramscianismo universal à esquerda e à direita. A tônica atual é "lacrar", neologismo para encerrar uma discussão com argumentos retumbantes. Escasseiam fontes de informação e abunda o fluxo subjetivo da minha consciência. Emerge a *doxa* (a opinião) em milhares de blogs e *memes*. Tanto a direita como a esquerda estão empenhadas na missão civilizadora/destruidora.

O primeiro objetivo do esforço é óbvio. Conhecimento é poder e controle do conhecimento é sempre um projeto de poder. Há vários projetos em choque hoje no Brasil e muitas pessoas empenhadas na implantação do seu respectivo modelo.

O segundo é mais complexo. Aumentam os tradicionais gramscianos de esquerda com os novos (perdão pelo oxímoro) gramscianos de direita em meio à capilarização do saber. Zola era um conhecido literato. Gramsci era renomado filósofo. Sowell é economista que passou por Harvard, Columbia e Stanford. Que esses nomes escrevam e falem é quase natural. A internet deu o estatuto de intelectual orgânico a todos que tiverem acesso à rede. É o eclipse do conhecimento em si e o despontar da militância catequética.

Querem um exemplo? Um jovem estudante manda e-mail e diz que eu sou arauto do pensamento gramsciano de extrema-esquerda. Pergunto o quanto ele explorou dos textos do filósofo sardo. Em mais dois e-mails estimulados pela minha curiosidade, descubro que ele não sabe, de fato, quem foi Gramsci e jamais leu uma linha do inimigo de Mussolini. Em algum lugar da internet, ele leu que gramsciano é toda pessoa crítica que não vota no candidato que ele considera bom. Quero enfatizar: mesmo não dispondo de uma pesquisa empírica, suspeito que a ignorância das fontes seja comum a gramscianos de esquerda e de direita. É o velho axioma: existem mais nietzschianos do que leitores de Nietzsche, mais marxistas do que estudantes de Marx e mais tomistas do que versados no teólogo dominicano.

Volto a Umberto Eco. A internet possibilitou tudo isso. Junto desse novo conceito de intelectual, surgiu o ressentimento contra o erudito que levou duas décadas ou mais na formação lenta e paciente. Não apenas estamos superficiais, porém nossa subjetividade narcísica nos tornou muito arrogantes. Ouço, a cada curva das redes, o grito de "vá se tratar" diante da discordância de uma ideia. Se você não concorda comigo, é sinal claro de que é um imbecil e, mais, deve ter problemas mentais, o que me alça à confortável posição de ser a única criatura racional e equilibrada da Via Láctea. Terrível solidão do deserto da vaidade!

Eu acuso, como Zola, que todos nós, intelectuais ou não, estamos atacados de uma demência grave prevista pelo *Alienista* de Machado. Está dando vontade de dormir e acordar daqui a cem anos para ver se passou o delírio.

Em cima de quem cai a Bastilha?

Românticos e revolucionários celebram a data. Paris assim demarcou e nós, sapos dos brejos do ultramar, coaxamos a toada francófona. Para a historiografia soviética, a queda da Bastilha era o fim da Idade Média e início da Moderna. Para os chineses, foi um ano a mais do governo interminável do imperador Qianlong, que expandiu as fronteiras do país.

O que ocorreu? O verão de 1789 estava tenso na França. O pão subira mais ainda como efeito combinado do clima e da instabilidade política. O déficit tinha provocado a convocação dos Estados Gerais e, em vez de resolver a situação financeira do Estado, tinha desencadeado um turbilhão político que mudaria o Antigo Regime.

O rei era Luís XVI, o bem-intencionado e fraco monarca. O mundo estamental definido pelo nascimento e o Absolutismo de Direito Divino estavam desgastados. Ataques intelectuais do pensamento iluminista expunham os defeitos estruturais daquele mundo. O terceiro Estado, que era tudo (como dizia um folheto de E. Sieyès), começara uma insurgência em Versalhes. No verão, o incêndio atingia Paris.

Nas ruas pipocavam rumores sobre o ministro Necker, o gênio das finanças que principiara reformas. Dizia-se que o rei fecharia a Assembleia e marcharia sobre insubordinados com força militar. Os boatos corriam fluidos como as águas do Sena.

Como ocorre em situações de tensão, a massa de Paris, insuflada por oradores de rua (como o jornalista Camille Desmoulins) e panfletos variados, foi até os Inválidos (Invalides) em busca de armas. Obtiveram quase 30 mil mosquetes. Faltava munição. Sugeriu-se a Bastilha, a velha prisão, símbolo das arbitrariedades monárquicas.

Construído para defender Paris na Guerra dos Cem Anos, o prédio fora importante nas guerras de religião no século XVI e nas Frondas do XVII. O nome oficial da muralha com oito torreões era Bastille Saint Antoine. No ano inicial da Revolução, seus escassos sete prisioneiros estavam distantes do período que Voltaire fora prisioneiro. O Marquês de Sade saíra da fortaleza fazia pouco. Havia um nobre pervertido na cela, um louco, um velho que estava lá há décadas por ter tentado matar Luís XV e quatro falsários de moeda. Nada dos dias gloriosos do prisioneiro da máscara de ferro.

Pequena guarda velava no pátio interno. Nas pinturas posteriores, o muro foi aumentado para conferir maior glória aos insurretos. Como se tornou um símbolo, ela deveria crescer na memória. A Bastilha real era menor.

O diretor recebeu uma comissão. Sucederam-se outras. Comeram juntos. Discutiram sem nenhum acordo definitivo. À tarde houve tiroteios e confusão. Morreram 98 atacantes e um guarda da fortaleza. No fim do dia 14 de julho, pelas 17h, surge a ordem de cessar-fogo. A multidão entrou no pátio interno pelas 17h30. Libertaram os apenados. Bernard-René de Launay foi morto e teve a cabeça decepada por um auxiliar de cozinha. O espetáculo macabro da cabeça do diretor da Bastilha espetada em lança e em desfiles pelas ruas marcaria o resto daquele dia 14 de julho.

A ação significava massas urbanas disputando o protagonismo da revolução com os deputados. Havia agora, ao menos, duas cabeças presentes na vanguarda revolucionária: uma mais radical e querendo transformações amplas, outra moderada, desejando limitar o poder do rei e estabelecer uma monarquia similar à inglesa. Os dez anos seguintes, 1789-1799, seriam, *grosso modo*, o choque entre essas e outras forças políticas.

A Bastilha foi demolida e as pedras enviadas para toda a França, para que houvesse uma relíquia daquela jornada gloriosa. Revoluções produzem e destroem símbolos. Houve comemoração no ano seguinte: a festa da Federação, celebrada no Campo de Marte. Lentamente, foi virando o *"14 Julliet"*, a festa nacional da França. Celebrar uma revolução também é uma forma de domesticá-la.

A queda levou ao chamado Grande Medo. Parecia que não haveria mais poder ou repressão e muitas pessoas tomaram a iniciativa de queimar cartórios onde repousavam documentos de dívidas, contratos e títulos de servidão. Julho e agosto conheceram o "mundo de ponta-cabeça", expressão que C. Hill empregou para a Revolução Puritana um século antes.

Revoluções são generosas em produzir bons documentos de referência, como a Declaração dos Direitos do Homem e do Cidadão de 1789. Também são úberes em gestar novas opressões. Eis uma das bases da crítica conservadora de E. Burke, que, do outro lado do canal, duvidava de saltos históricos e da instalação do paraíso por decreto. Da mesma forma, o escritor G. Orwell (*A revolução dos bichos*) fala do movimento dos animais que derrubam o despotismo humano, mas que, mesmo em meio a sonhos de igualdade, consagram que alguns animais continuam mais iguais do que outros. Na Washington de Trump e na Havana dos irmãos Castro, alguns animais sempre são mais iguais do que outros.

Em 1889, a França celebrou o centenário do fato com uma exposição universal grandiosa, triunfo da burguesia, a mesma que havia visto com desconfiança e medo a queda da Bastilha. As festas de 1989 também foram impressionantes. Nos dois casos, os governos estavam felizes de que a revolução fosse uma comemoração e não mais um fato político.

Não há mais Bastilha, todavia persiste a torre Eiffel, construída para celebrar o centenário do episódio. Diante do engenho burguês e industrial, as massas atuais ficam estupefatas e fazem *selfies*. Onde existia a fortaleza, há um moderno teatro de musicais. Lá, a preço alto, as pessoas podem ver *Os miseráveis* e bater palmas para revolucionários que cantam e dançam com armas de festim. Todos podem comprar canecas e camisetas com cenas das barricadas. Triunfo da igualdade revolucionária: a fila do caixa é sagrada.

A possessão demoníaca e a do capital

Familiar aos historiadores em geral, o convento em Loudun, França, é quase desconhecido do grande público. A pequena cidade fora palco das devastadoras guerras religiosas entre católicos e protestantes, além de ter enfrentado um mortífero surto de peste. Em 1632, quando as coisas pareciam retornar a alguma normalidade, um grupo de irmãs ursulinas começou a apresentar estranhos comportamentos. Visões, gritos, ataques de histeria sem causa aparente, blasfêmias e outros fatos estranhos rondavam aquelas antes piedosas paredes conventuais. A madre Joana dos Anjos (Jeanne des Anges) estava no epicentro dos fatos bizarros.

Uma investigação foi iniciada e descobertas surpreendentes emergiram. O pároco da igreja local, um jesuíta chamado Urbain Grandier, foi apontado como um servo do demônio. Em documento assinado com sangue, teria imposto um pacto diabólico a toda a comunidade de religiosas em troca de favores sexuais e poder.

A possessão coletiva tornou-se famosa. Muita gente queria ver as atormentadas que, em espetáculos quase teatrais, repetiam suas danças frenéticas e falas ofensivas a eminências da corte. A notoriedade do convento produzia uma obsessão. Grandier acabou encontrando a fogueira, madre Joana foi exorcizada durante dois anos por outro jesuíta, Jean-Joseph Surin.

Zênite da crença em bruxarias e pactos demoníacos, o episódio de Loudun, segundo alguns especialistas, marcaria o início do declínio da crença. Loudun foi o momento mais expressivo do poder de Lúcifer sobre os demônios. A idade contemporânea deslocaria o mal das profundezas ínferas para os gabinetes políticos. Satanás enfrentou mal a concorrência com a criatividade destrutiva dos humanos.

O sabá diabólico foi substituído pelos comícios nazistas e o vermelho infernal, pelo estatal de Stalin. Nosso mundo não precisa mais de demônios.

Por que a possessão saiu das zonas centrais dos saberes reconhecidos e passou para as periféricas? Ainda existem exorcismos e muita gente crê nas legiões do mal com fervor. Porém, nenhum psiquiatra ou filósofo pode invocar Belzebu como origem de um mal sem risco de perder a credibilidade.

Hoje, se um grupo de freiras começasse a gritar coletivamente, chamaríamos a polícia e invocaríamos a Lei do Silêncio. Persistindo os sintomas, surgiriam medicamentos psiquiátricos e, não se resolvendo nada, a internação seria o caminho. Michel Foucault analisou a maneira de substituir os saberes e práticas religiosas por médicas. Desaparece o exorcista e emerge o terapeuta. Some o sodomita e inventa-se o homossexual no século xix. A possuída de Loudun dá lugar à histérica do dr. Charcot. Os discursos médicos tendem a substituir a autoridade religiosa.

Apesar de ser loucura, revela método, assegura Polônio ao ouvir o devaneio do príncipe Hamlet. Penso na frase ao relembrar um colega professor que manifestava comportamentos, digamos, atípicos. Os atos foram ganhando intensidade e se tornaram o centro de atenção dos comentários. Houve um debate: estaria demente mesmo ou seria, à maneira do dinamarquês citado, um encenador de roteiros delirantes para obter vantagens? Uma colega lançou veredicto preciso: ele já foi visto rasgando dinheiro no pátio? Alguém foi testemunha de que o professor pegava notas de cem reais e as picava ao vento? Não, nunca tinha sido testemunhado tal ato. Logo, concluiu a dona da ideia, ele não é louco! Aparentemente, o respeito ao meio circulante é o último patamar para decidir se somos ou não perturbados mentais. O azul da nota de cem é o limite cromático da sanidade. As garoupas intactas no desejado papel impresso garantem: você ainda é um ser saudável.

Ficou fácil, querida leitora e estimado leitor. Quer saber se você é um possuído ou uma histérica como as ursulinas de Loudun? Deseja investigar se habita a exígua ilha da sanidade que o dr. Bacamarte identificou n'*O alienista*? Basta tomar a nota de cem reais em mãos. Se preferir um certificado internacional de qualidade para o teste, pegue uma de cem euros. Tente destruí-la, rasgá-la por completo. Não conseguiu? Parabéns: você é uma pessoa normal. Seus tiques, trejeitos, transtornos e toques fazem parte apenas da idiossincrasia que nos acomete. Continue a reflexão: ali está o dinheiro pelo qual você acorda cedo e quase se mata diariamente. Ali, o papel pelo qual sua saúde se esvai. Diante de você o eixo impresso de toda sua vida. Ele é suadamente obtido, zelosamente guardado e sofridamente entregue. Dinheiro é um registro de tempo, já que para consegui-lo você vai entregando sua vida na ampulheta biográfica destinada ao esvaziamento de toda areia. E, ao final de tudo, aquele objeto de sanidade que você não conseguiu rasgar porque você é normal vai consumir tudo, envenenar relações com sócios, criar humilhações consentidas, matar pessoas num assalto, corromper almas de corruptos e até figurar em caixas em um apartamento soteropolitano. Por fim, servirá como uma cenoura de papel a sua frente até o último suspiro, que só será tranquilo se o mesmo dinheiro for suficiente para seu plano de saúde e excedente para que a família só sinta a dor da sua partida sem o ônus do déficit. Haveria exorcismo para esse padrão de normalidade? Afinal, quem não rasga dinheiro é normal. Quem rasga talvez seja sábio. O resto, diria um louco sábio, é silêncio.

As rugas da memória

Há textos atemporais. O *Hamlet*, de Shakespeare, o Livro de Jó, na Bíblia, e a *Odisseia*, de Homero, são exemplos perfeitos. Há livros mais recentes que, aposto, estarão fazendo companhia a nossos tataranetos. Penso na *Lavoura arcaica*, de Raduan Nassar, *Paixão segundo GH*, de Clarice Lispector, e *A máquina de fazer espanhóis*, de Valter Hugo Mãe. A lista é imensamente maior, limito-me a exemplos.

Há uma categoria diferente de obras: são os livros da minha geração. Alguém me diz que leu Erich Fromm, Hermann Hesse e Gibran Khalil Gibran: intuo que pertença ao meu recorte biográfico. São letras da minha idade. Sei que compartilhamos o impacto da descoberta de *Sidarta*, por exemplo. Imagino que O Louco tenha feito aquela pessoa pensar como eu. Creio que haverá uma geração que identificará *Harry Potter* como parte da sua trajetória. A minha devorava todos os livros de Agatha Christie.

    Claro que o mesmo pode ser dito de músicas. O impacto da morte de Elis Regina e de John Lennon são fenômenos da minha juventude. O primeiro disco que comprei na vida, com 10 anos de idade, era a música "Gîtâ", de Raul Seixas e Paulo Coelho. Eu achava a letra muito densa. Sim, todos temos nossos esqueletos no armário.

    Filmes que marcaram cada momento. Há uma geração *Laranja mecânica*, uma geração *Star Wars* e, talvez, outra que lembrará de *Avatar*. No colégio, emocionei-me com a projeção de *Irmão Sol, irmã Lua*. Lembro-me do impacto de *Romeu e Julieta*, de Zeffirelli.

    Por fim, há fatos geracionais. Minha mãe descrevia, sempre horrorizada, um incêndio em um circo de Niterói e o caso da avó pisoteada com os netos abraçados. Já ouvi depoimentos sobre o dia do suicídio de Vargas e do assassinato de Kennedy. Eu vi os incêndios do Joelma e do Andraus na televisão e nas fotos da revista *Manchete*. Vou mais longe: em julho de 1969 assisti, em uma pequena televisão em preto e branco, à chegada do homem à Lua. Cada geração tem as suas torres gêmeas a levantar o pó da memória.

    Livros, filmes, músicas e fatos entram com força quando somos mais jovens. Talvez, por isso, obras até fracas nos parecem maiores porque resgatam a obra em si, emaranhada de sentimentos e memórias. A recuperação é acompanhada de muitas lembranças e mistura uma idealização do que foi aquela experiência com uma invenção de quem eu era naquela ocasião.

Pais autoritários reais da infância começam a ser recriados como cuidadosos à medida que também viro pai ou que preciso reorientar a memória. Quando mudamos a posição no cabo do chicote, também mudamos nossa posição política. A memória sempre precisa ser realocada.

Será que eu tinha a mais vaga ideia do que significava a chegada de Armstrong ao nosso satélite natural? Eu tinha 6 anos de idade e havia sido alfabetizado há pouco. Meus pais estavam emocionados e a família, reunida. Logo, a solenidade do fato era transmitida mais pela liturgia familiar do que pelo fato em questão. Com o tempo, fui lendo mais e mais sobre viagens espaciais e o que representou o projeto Apolo. Ao relembrar a cena, misturo o acontecimento que soube importante depois, a memória do aconchego familiar, a televisão ainda novidade, o sentimento nostálgico do tempo que se foi, meu envelhecimento, saudades do meu pai. Amálgama de tudo é chamada de memória de uma geração.

O drama da memória é que ela desalinha a perspectiva dos fatos. O incêndio do circo de Niterói é trágico, mas tem menos importância, em perspectiva, do que o ataque ao World Trade Center. O circo foi uma tragédia pessoal de centenas de pessoas. As torres foram um fato de alcance mundial que afetou o século XXI. Para minha mãe, o circo incendiado continuou ardendo com chamas maiores do que os prédios de Nova York.

Historiadores insistem que memória é construção. Isso não quer dizer que ela seja falsa, entretanto que não é resgatada na totalidade e de forma neutra. Resgatamos fragmentos entremeados de uma biografia que continuou. O rio de Heráclito foi inteiramente transformado. Esse é o desafio para o terapeuta ao ouvir as memórias do paciente ou para o historiador profissional ao lidar com documentos. O diálogo da vivência atual com o mundo que passou e a invenção permanente de sentidos novos mostram que memória é, de fato, o quinto estado da matéria. Lembranças não são sólidas, líquidas, gasosas ou plasma. Memórias são... memórias. Elas pertencem a um universo paralelo que dialoga com sinapses e neurônios, também com a fantasia, com emoções e traumas, com ficção plena e com o embate fraturado com o mundo.

Recordar é viver, mas vivemos antes de recordar e, ao viver, vamos moldando o passado ocorrido com o idealizado. Todo resgate é híbrido e toda recuperação é subjetiva. Isso não quer dizer mentiras, todavia um caráter orgânico da verdade e um processo que está um pouco além da objetividade pretendida por historiadores positivistas.

O campo da memória é vastíssimo, porém um lado interessante do processo é que somos artífices das memórias e o sujeito que viveu o fato e ouviu a música ainda está aqui usando o mesmo cérebro que estava lá. Sou eu! Recordar é viver e faz parte da minha sanidade. Ótima vida e boas lembranças para todos.

A magia do amor

Existe um livro extraordinário de Sir Keith Thomas: *Religião e o declínio da magia: crenças populares na Inglaterra, séculos XVI e XVII*. A pergunta básica do professor de Oxford ao lançar o livro, em 1971, foi saber por qual motivo a crença no pensamento mágico declinou na Idade Moderna. O livro é repleto de trechos memoráveis e é daquelas leituras que lamentamos terminar. Qual o motivo para um livro tão fundamental estar esgotado há mais de 25 anos? Trata-se de insondável mistério editorial brasileiro.

Após examinar astrologia, bruxas, fantasmas e outros, ele encerra a obra com um capítulo sobre o recuo das crenças mágicas. Por qual motivo ocorreu o declínio mágico? Para o autor, o avanço do pensamento científico, dos seguros (que diminuem a insegurança) e da própria reforma protestante colaborou para o processo. Porém, uma nova atitude pessoal de confiança em si foi anterior ao processo de crescimento científico. Para Thomas, a magia declinou um pouco antes de um domínio real do pensamento científico. "Na medicina, como em outras áreas, as teorias sobrenaturais saíram de cena antes que entrassem técnicas eficazes" (p. 537); "Somos, portanto, forçados a concluir que os homens se emanciparam das crenças mágicas sem terem, necessariamente, criado quaisquer tecnologias eficazes para pôr no lugar delas" (p. 540).

Há, na primeira modernidade, a ascensão de um modelo de confiança e segurança do valor de cada um, que excede o campo do avanço técnico. Os séculos XVIII e XIX viram emergir a crença otimista no indivíduo, que tem uma ponta, simbólica no Iluminismo. Keith Thomas trata do tema da autoajuda, da ideia de autonomia de cada consciência de promover uma melhora efetiva na sua vida e no seu meio. Com certos recuos, a curva ascensional da autoajuda é o sintoma do mundo que substituiu ou transformou as crenças mágicas.

Vejamos três exemplos. Um dos grandes sucessos editoriais do século XIX foi o livro *Self-Help*, de Samuel Smiles (1812-1904). O livro do escocês é do mesmo ano da *Origem das espécies*, de Charles Darwin: 1859. O texto é um louvor ao modelo do empreendedor, citando grandes nomes dos negócios e dando conselhos muito úteis sobre o uso de dinheiro e progresso. Acima de tudo, espalha a ideia de que você é gestor da sua vida. O tímido igarapé de Samuel Smiles viraria um caudaloso rio no mundo atual. Até a morte do autor, o livro tinha atingido a cifra de quase um quarto de milhão de exemplares vendidos e era admirado por quase todos no Império Britânico.

O processo de ascensão do realizador individual que se orienta rumo ao sucesso cresceu. Ele é contemporâneo de duas outras criações. O segundo exemplo é o crescimento da questão do amor materno e da certeza do amor incondicional. A Idade Moderna é a lenta ascensão da figura da mãe e da devoção aos filhos que aparecem no *Emílio* (1762) de Rousseau ou nas pinturas de madame Vigée LeBrun (1755-1842). O século XIX é o triunfo da criança e do amor materno, consagrado, no início do XX, com a instituição do Dia das Mães.

O amor materno torna-se incondicional e assim será representado. A mãe desnaturada é um monstro e a literatura vai torná-la uma caricatura. As crianças passam a ouvir que são lindas, que podem contar sempre com o auxílio materno e que tudo será perdoado. Mudamos a psicologia do indivíduo ocidental.

O último ponto a transformar é a customização do Deus do Juízo Final, do deus vingativo do Dies Irae e do capítulo 25 de Mateus para um deus de pleno amor e inesgotável perdão. O deus definido como amor (como no apóstolo João) substituiu o Deus do afresco de Michelangelo. Nada de um Jesus juiz, mas um Jesus todo amor. A ascensão do culto católico ao Sagrado Coração, sempre aberto e receptivo, sempre acolhedor e que me ama incondicionalmente é um salto imagético. Os protestantes, com mau humor, chamaram o culto ao Coração de Jesus de "idolatria cardíaca católica".

Um Deus julgador e terrível condenando almas ao inferno aparece nas visões das crianças de Fátima, mas representam uma voz camponesa e pouco culta de um mundo antigo. A vitória era do misericordioso coração do qual emanam graças incessantes sobre todos. Claro que o tema de Deus-amor é bíblico e a misericórdia divina é milenar. Porém, basta comparar um catecismo antigo cheio de pecados e punições com um atual, cheio da beleza de um Deus sorridente e amigão.

Livros de autoajuda, mães incondicionais e Deus misericordioso expondo seu coração a uma humanidade pecadora são três exemplos (há centenas) de uma nova concepção de um indivíduo otimista e feliz, cheio da ideia de que o mundo o ama e que deve estar à sua disposição. A nova crença em si substituiu (ou sublimou) a crença mágica de outrora. A política absorveu parte do que era a teologia antiga na promessa da felicidade. Relendo a obra de Keith Thomas, interrompia o livro para pensar nos novos deuses humanos, o *Homo Deus* de Yuval Harari. Terminei o livro pensando: acho que ainda teremos saudades do pensamento mágico que colocava o mal em bruxas que podiam ser queimadas. O novo homem feliz e realizado é um deus terrível.

O longo verão coreano

Em julho de 1953 era assinada uma interrupção da Guerra da Coreia. O armistício nunca evoluiu para um autêntico tratado de paz. A rigor, a Coreia do Norte e a do Sul continuam em guerra.

O conflito ideológico, militar e de propaganda entre EUA e URSS (Guerra Fria) jamais chegou ao confronto direto, mas se utilizou do terreno alheio para exercitar seus músculos antagônicos. A divisão da Alemanha e da sua vitrina Berlim, as Coreias, o Vietnã e o Iêmen foram alguns exemplos de choques separadores de países.

Olhamos a história pelo retrovisor do carro do tempo e vemos processos terminados. No período que se seguiu à derrota do Japão, em 1945, as opções históricas estavam abertas e os protagonistas ainda lutavam em torno de modelos e estratégias distintas. No calor do momento, cada ator está agindo sem ver o roteiro completo e desconhecendo todas as implicações das suas decisões. Só as escolhas são livres, as consequências não. O homem histórico está no embate direto, avançando em meio a uma visão limitada pelo jogador à sua frente. Nada sabe do final. Ele sua, defende, ataca e, até o final do segundo tempo, tudo pode acontecer. O historiador vê a gravação do jogo, analisa comentários variados, olha de um ponto alto à frente e substitui a visão do momento por outras interpretações, em diálogo com jogos anteriores que podem magnificar ou diminuir a experiência individual no campo.

Douglas MacArthur (1880-1964) era o comandante das tropas ONU-EUA na península coreana. Tinha de tomar decisões importantes e, naturalmente, com os dados disponíveis no momento. Seu chefe, o presidente H. Truman (1884-1972), demorou a dar ao conflito coreano uma dimensão exata. O foco estava no Leste Europeu do pós-Segunda Guerra, especialmente Berlim. O avanço do exército de Mao obrigava a uma nova posição de defesa de Taiwan. Isso empurrava os olhos de Truman para outras peças no jogo geopolítico. Havia, ainda, a questão da recente guerra civil na Grécia, que tinha originado a Doutrina Truman e o Plano Marshall. A Coreia era um peão pequeno no tabuleiro do início da Guerra Fria.

Vamos sair de diante da álgida gravação do jogo e refletir sobre o momento sem o afastamento cronológico de agora. Não existia, em 1950, clareza de quanto a República Popular da China estaria disposta a apoiar o governo norte-coreano. O gigante chinês tinha vivido o trauma duplo de uma sangrenta guerra civil e uma invasão genocida do império japonês. A economia da China continental estava devastada, a fome era um imperativo da população de maioria camponesa. A vitória do Exército Vermelho não tinha representado mais arroz na tigela oriental. Pequim aceitaria ingressar num novo conflito e adiar por mais alguns anos a reconstrução do país?

A URSS era poderosa aliada dos comunistas chineses e da Coreia do Norte. Os russos mal se recuperavam dos horrores da invasão nazista. O "cordão sanitário" que Stalin criara no Leste Europeu era novo, instável e sofria de deficiências crônicas. A bomba atômica soviética era recente (1949) e ainda incapaz de uma resposta massiva em caso de guerra total.

A economia norte-americana entrara em uma fase de prosperidade e seu arsenal nuclear era imbatível no início dos anos 1950. Surgiu a nova bomba de hidrogênio, muito mais forte do que as tradicionais jogadas em Hiroshima e Nagasaki. O discurso de Stalin era de superioridade absoluta sobre o Ocidente. Na prática, o georgiano era suficientemente realista para intuir que seu inimigo estava bem situado e forte. Até que ponto o Kremlin iria apoiar seus aliados asiáticos? Ninguém sabia. Como a posição russa foi variando entre 1950-53, seria possível dizer que nem os russos tinham tal clareza.

As duas Coreias eram dominadas com mão de ferro por governos autoritários. A península tinha sido devastada entre 1910 e 1945 pela exploração japonesa, que saqueou o país e ainda obrigou as mulheres a fazerem parte de um corpo de prostitutas a serviço das tropas do império de Hirohito. Na Coreia do Norte, a ditadura brutal de Kim Il-sung. No Sul, manifestações, greves e atos de violência contra a ocupação ocidental mostravam visões antagônicas e violentas. O governo do Sul, que estava com Syngman Rhee, já tradicionalmente violento, estendeu sua mão de ferro nos Massacres das Ligas Bodo, expurgo e assassinato de coreanos simpatizantes do comunismo. Os italianos lembram com dor o episódio do massacre das Fossas Ardeatinas, quando pouco mais de 300 italianos foram assassinados pelos ocupantes nazistas. Os mais de cem mil mortos das Ligas Bodo são menos conhecidos.

O Japão ainda estava ocupado no início do conflito de 1950. As mudanças impostas pelo invasor vitorioso eram profundas. Faltavam anos para o milagre nipônico alçar voo. O yakissoba, prato mais barato, tinha se popularizado como alternativa à fome. O impacto dos ataques nucleares, da desestruturação da produção industrial e até o valor simbólico da perda da divindade do imperador tinham contornos ainda não visíveis em 1950. O Japão, um dia, se ergueria? O público da gravação do jogo diz: é óbvio! A arquibancada de 1950, até aquele momento, roía as unhas.

Se MacArthur tivesse lançado um ataque nuclear contra a ofensiva chinesa como desejou, isso teria representado uma vitória rápida no fim de 1950 e 1951 ou teria provocado uma resposta direta da URSS? *Se* e *talvez* não produzem história. O presidente Truman tinha outra visão, mas foi necessária uma comissão do Congresso para decidir se o general tinha ou não desobedecido ao poder constitucional do presidente. Insisto para que entendamos o mundo de então com a compreensão dos fatos inacabados e das decisões inseguras e de resultados cediços daquele momento.

A península continua dividida. O Sul prosperou e, após experiências ditatoriais, conheceu prosperidade e democracia. O Norte tornou-se o modelo do Estado totalitário. A guerra começou no verão de 1950 e terminou no mesmo estio, em 1953. Chegamos a uma nova estação quente na península. O estranho neto de Kim Il-sung, mais uma vez, está presente no noticiário com ameaças de apocalipse. É nossa vez de estarmos na arquibancada, roendo unhas e tentando entender, no calor da hora, o desenrolar da partida.

O futuro do pretérito

Há duas curiosidades que são lançadas aos historiadores com frequência. A primeira diz respeito ao futuro: o que acontecerá no Oriente Médio em dez anos? Quem vencerá as próximas eleições no Brasil? A corrupção tem jeito? É inútil dizer que, no campo profético, o valor da opinião histórica é idêntico a jogar búzios ou ler borra de café. Como não existe futuro, o historiador no máximo pode falar de alguma tendência e, mesmo assim, a possibilidade de erro é enorme, pois está no campo randômico do "chute".

A segunda curiosidade diz respeito à história contrafatual, um passado que começa com "e se?". Não se trata mais do futuro a partir do presente, porém da introdução de uma mudança em fato conhecido. É quase uma sina: você passa anos estudando o passado, aprende paleografia (decifrar escritas antigas), estuda teoria, frequenta arquivos empoeirados, restaura documentos, estraga sua visão com microfilmes e consegue uma vaga noção, incompleta, do que ocorreu. Depois de anos curvado sobre tomos pulverulentos, quando vai a público para uma entrevista ou uma aula, o interesse do público parece incidir sobre aquilo que você nunca trabalhou: o futuro e a hipótese ficcional!

A tentação da profecia deve ser superada pelo filho de Clio (a musa da História). Aliás, a tentação da profecia deveria ser superada por todos os filhos de Eva, porém persiste com força inaudita.

A história que trabalha com hipóteses derivativas de fatos não ocorridos encontra certa acolhida, especialmente nas universidades norte-americanas. Nos anos 1960, Robert William Fogel afirmou que, mesmo sem as ferrovias, os EUA teriam progredido a potência industrial, pois poderiam desenvolver hidrovias e obter o mesmo sucesso. O escocês Niall Ferguson, de Harvard, faz sólida carreira trabalhando com o que nunca ocorreu. Em seus livros, especulou sobre fins alternativos da Primeira Guerra que teriam evitado a Segunda. Em um texto para um tomo organizado por ele, ficamos sabendo como teria sido a vida norte-americana caso JFK não tivesse sido assassinado. A lista de historiadores que fazem dinheiro com o futuro alternativo do pretérito é longa. Último exemplo: Richard Ned Lebow, em 2014, esboçou um mundo no qual o arquiduque Francisco Ferdinando sobreviveu aos tiros de Gavrilo Princip. Em 1916, ele foi coroado imperador, após a morte de seu tio, Francisco José. Como consequência, os impérios Otomano e Austro-Húngaro não se desintegraram, não houve guerras mundiais. O czarismo caiu na Rússia, mas sem ascensão bolchevique. Hitler tornou-se vendedor de remédios, Nixon nunca entrou para a política e o primeiro Kennedy eleito para a Casa Branca foi Joseph Patrick (irmão mais velho do clã, morto na Segunda Guerra).

O exercício tem algo de divertido. E se os holandeses tivessem vencido as batalhas de Guararapes? Como estaria o Recife e o Nordeste sob comando batavo? Seríamos algo perto da Holanda ou da Indonésia, ex-colônia flamenga? Qual seria a paisagem do Rio de Janeiro se a morte de Estácio de Sá tivesse sido um revés político definitivo e não uma tragédia para seu tio, governador-geral? Haveria um Monsieur Sergiô Cabral detido por um gendarme? Se Farrapos e Cabanos tivessem vencido e o Rio Grande do Sul e o Grão-Pará fossem países autônomos?

Imagine algo recente. Se Jânio Quadros tivesse terminado seu mandato? Sem chance de reeleição pela Constituição, seria provavelmente sucedido pelo popular Juscelino Kubitschek. Em nova onda desenvolvimentista, poderíamos assistir ao aumento da dívida pública, novas brigas com o FMI e uma imagem desgastada do mineiro. Poderia ser sucedido por Lott com promessas de restauração da ordem e da responsabilidade fiscal ou por Carlos Lacerda, representando um conservadorismo civil de amplo apelo entre as classes médias. João Goulart poderia tentar novamente o poder, agora pelo caminho da titularidade e com promessas de restaurar a herança getulista-trabalhista e da proteção ao salário mínimo devastado pela inflação do segundo governo JK. Teria ocorrido um novo milagre econômico nos anos iniciais da década de 1970? Parte do milagre dependeu de créditos baratos e investimentos estrangeiros, parte derivou da concentração de renda e do modelo exportador e outra parte do sucesso derivou da manipulação de dados do governo Médici.

Sem ditadura militar, que destino teriam tido Lula, Fernando Henrique Cardoso, Ulysses Guimarães, Fernando Collor de Mello e Dilma Rousseff? A carreira de todos eles foi barrada ou incentivada pelo Estado de exceção entre 1964 e 1985. FHC não teria sido aposentado precocemente, Lula seguiria sindicalista no ABC, Ulysses exerceria um repetitivo mandato de deputado federal. Fernando Collor teria herdado as empresas em Alagoas e Dilma, talvez, não tivesse conhecido seu marido e teria defendido sua tese na Unicamp, onde poderia ser, hoje, minha colega universitária. Tudo se abre quando emprego o *se*...

Se não tivesse ocorrido o golpe, a Constituição de 1946 estaria em vigor emendada e remendada. A corrupção, seguindo sua tradição, seria enorme e muito se falaria de reforma política. Os grandes partidos como a UDN, o PTB, o PSD e outros estariam bem desgastados pela ascensão de novas forças sociais e políticas. Haveria denúncias frequentes sobre a Câmara dos Deputados e o Senado. Crises econômicas mundiais levariam à recessão, ao desemprego e ao crescimento de discursos radicais. O que me inquieta é que a possibilidade onírica da história contrafatual parece nos trazer ao mesmo lugar... Será destino?

Em busca do tempo perdido

O tempo é a matéria-prima da minha profissão. Nada mais fazemos senão analisar os homens no passado. O tempo paira sobre todos os seres, inclusive inanimados.

A passagem do tempo é real. Os calendários são construções subjetivas de diálogos humanos com as colheitas, a astronomia, as religiões e as demandas do mercado. O fluir incessante medido em séculos ou segundos é algo inevitável para nós. Fala-se em relatividade de tempo e de espaço, cogitam-se equações quânticas (metáfora atual para tudo aquilo que eu quero demonstrar e que não sei), porém, confesso, atrás da maioria dos historiadores como eu, há uma solene incapacidade com números. Sim, dominar parte do que ocorreu no passado vem acompanhado, com frequência, de dificuldades com a tabuada do oito.

Volto ao tempo. Um ex-presidente do Uruguai (fácil localizar, é aquele honesto, pronto, agora você não confunde com ninguém) afirmou, em uma entrevista, uma ideia sábia. Ele lembrou que toda compra que realizamos é uma entrega de tempo para o vendedor. Assim, quando adquiro meu carro novo, devo lembrar-me que o custo do carro à vista ou financiado foi obtido com horas de trabalho. A compra é a entrega de parte da vida passada para usufruir de um prazer futuro. As compras se repetem até que todo o tempo que eu tenho para oferecer se esgote. Uma das vitórias de certo tipo de marketing é ter convencido milhões de pessoas que entregar tempo-vida por produtos é legal e divertido. Z. Bauman afirma que lojas são sempre farmácias no nosso mundo: vendem produtos contra ansiedade, depressão etc. Compramos porque estamos felizes ou tristes, gastamos para perder nossa ação como sujeitos e transformar mercadorias e a nós próprios em objetos. Para o anglo-polonês, a grande ilusão consumista é a ideia de liberdade de consumo ou da decisão autônoma de consumo. Somos, também, *outdoors* de marcas nas roupas, nos padrões e hábitos. O *cogito* cartesiano virou consumo, logo existo.

A crônica é sobre tempo e não sobre consumo. Há uma ideia do dalai-lama que insiste que gastamos a vida inteira trabalhando muito e perdendo a saúde para ter dinheiro e, ao final, estamos sem saúde e sem a coisa mais fundamental na vida: o tempo. Como se perseguíssemos um tempo melhor e que nunca chega e, ao final, quando acontece, chama-se morte. Tempo é tudo.

O suicídio é um tabu forte em religiões monoteístas. Exclui até do cemitério o ser que, de uma vez, elimina sua existência. Como eu já disse em palestras, o único suicídio ético hoje é "matar-se de tanto trabalhar". Um ato suicida me lança à condenação eterna e envergonha a família. Interessante, porém, como somos tolerantes com os suicídios lentos. Ingestão de gorduras saturadas, falta de atividade física, exposição ao sol sem proteção e outras formas de suicídio parcelado são muito mais toleradas. Um pai de família que sente diante de um prato sobrecarregado de bacons e picanha gorda pode receber aquele olhar da esposa entre censura e afeto: "Como você gosta de gordura, meu amor!". Se ele levasse uma arma para a mesa e ameaçasse estourar os miolos, a ação da mulher, provavelmente, seria mais enfática para impedir o desfecho. Sim, aprendemos a tolerar coisas lentas e a julgar as mais rápidas. Funciona como na experiência (clássica lenda urbana) dos sapos colocados em água quente e que pulam imediatamente do ambiente deletério. Pelo contrário, se a temperatura inicialmente fria da água fosse elevada em um grau por hora, os anfíbios ali ficariam até a morte.

Tempo é vida. O maior assassino do tempo são as redes sociais. Meu mantra repete que quase toda ferramenta e técnica são neutras. Celulares, tablets, Facebook, Instagram e outros ajudam muito, fornecem informações, guardam o que desejamos e registram coisas. Claro, também infantilizam: não sei mais chegar à padaria da minha esquina sem Waze. Mimar é imbecilizar. Meus aplicativos mimam meu narciso crescentemente preguiçoso. Se as pessoas das grandes cidades fossem soltas na natureza, seriam como canários-belgas criados em gaiolas douradas e incapazes de enfrentar o mundo que formou nossos ancestrais. Viramos poodles exigentes e birrentos, esperando nossa ração e nossa cama. Esquecemos algo que escapa a todo poodle: todo aquele que me fornece bens e informações avança sobre minha alma e toma o meu tempo e o reestrutura a seu gosto.

No sul havia a expressão "gato de forno", aquele felino algo obeso e bastante lento que, nos dias frios, sobe ao forno de pão que assou algo há algumas horas, buscando o calor agradável e fácil do local.

Nosso tempo não é mais nosso. Quem decide sobre ele é o fluxo de mensagens e de fotos. A nuvem, a entidade abstrata de difícil definição, é nosso novo deus onisciente, onipresente e onipotente. Estar na nuvem é nossa metafísica atual. Onde é a nuvem? Como ela parece? Quem guarda pode mudar? Quem acumula controla? Esse Forte Knox da memória é também o HAL 9000 de *2001 – Uma odisseia no espaço*? Nosso tempo está nas mãos de máquinas e programas que, em uma hipótese desagradável, são controladas por meia dúzia de *illuminati* no Vale do Silício. Em uma hipótese desagradabilíssima, o punhado de *illuminati* é controlado por um computador. Já estamos na nave de HAL 9000. Nosso tempo está sempre sendo perdido e, hoje, nem chá nem *madeleines* o recuperam, porque as memórias não estão mais em Combray, estão na nuvem... Aproveitem o tempo que resta.

Velhas estátuas e velhas ideias

Duas estátuas e um atropelamento: o episódio dos conflitos em Charlottesville (Virgínia, EUA) impactou a opinião pública mundial. Como esculturas possuem esse poder?

A Guerra Civil dos EUA opôs dois lados e as obras eram símbolos de uma face apenas. Augusto Comte achava que os mortos governariam os vivos cada vez mais. No caso em questão, a memória dos que partiram agita a convicção dos que ainda estão por aqui. O tema merece aprofundamento.

O ato de construir uma estátua ou mandar retirá-la/destruí-la revela uma guerra de memórias. Ao erigir um monumento, celebro algo. Ao removê-lo, também. Concentremo-nos, por ora, no segundo impulso. O iconoclasmo (movimento de destruir imagens e símbolos) é uma constante em História. Sempre queremos redefinir a memória de um passado. O alvo clássico do movimento é religioso. Cristãos iconoclastas atacavam ícones no mundo bizantino e defendiam a ideia de que fazer imagens era um pecado. Islâmicos conquistaram o Egito e atacaram antigas imagens de deuses e faraós, danificando o rosto em particular. O dominicano Savonarola fez muitas "fogueiras de vaidades" em Florença, alimentando as chamas com pinturas do Renascimento que ele reputava como sacrílego. Pouco depois, o corpo do zeloso frade abasteceria o fogo da sua execução. Calvinistas queimaram imagens e instrumentos musicais em Genebra. Hernán Cortés, conquistador do México, quebrou deuses astecas. Atacar obras religiosas de um grupo distinto ao meu parece ser um imperativo categórico histórico.

O movimento também envolve política. Jacobinos derrubaram a estátua de Luís XV no local que hoje conhecemos como Place de la Concorde, em Paris. Também foram destruídos túmulos reais na abadia de Saint Denis durante a Revolução Francesa. Até efígies de reis de Israel em frente à catedral de Notre Dame foram decapitadas. A derrubada da imagem do rei inglês George III, em Nova York, é um dos episódios da independência dos EUA. A implosão de igrejas ortodoxas foi uma prática do governo bolchevique na URSS. Terminado o poder socialista, foi a vez de estátuas de Lenin serem removidas de lugares públicos. Bustos de Getúlio Vargas foram retirados ao fim do Estado Novo e alinhados nas ruas. O ataque à imagem de Saddam Hussein foi o episódio mais simbólico do fim da ditadura no Iraque. A queda de qualquer regime arrasta muitas imagens.

Temos, além do religioso/político, o iconoclasmo estético/político. Durante a Comuna de Paris, em 1871, um grupo de *communards* derrubou a estátua (e a imensa coluna que a sustentava) que celebra Napoleão Bonaparte na Place Vendôme. Do grupo, participava o pintor realista Gustave Courbet, que, depois da experiência, foi obrigado a fugir. A coluna, como sabemos, foi reerguida. Para nosso horror simbólico, sabemos que também foi discutida a hipótese do incêndio do Museu do Louvre.

Bem recente e próximo: o secretário estadual do Meio Ambiente, Ricardo Salles (membro do Endireita Brasil), determinou a retirada do busto de Carlos Lamarca (1937-1971) do Parque Estadual do Rio Turvo. Ainda existe uma luta pela memória em curso.

Assim, estimado leitor e querida leitora, nossa história é uma sucessão de construção e destruição de imagens. Parecemos a noiva traída ou o namorado raivoso que queima/apaga fotos do antigo amado ou da ex para materializar, simbolicamente, o fim da relação. Trata-se de um vodu interessante: elimino a memória no impulso de negar o que vivi. Queimamos nossa raiva de ter tido aquela história, impossibilitados pelo bom senso ou pelo medo de queimar a própria pessoa. Destruir o que não nos pertence mais é uma forma de sublimar a raiva, como a ordem, felizmente não cumprida, emitida por Hitler para acabar com Paris na iminência da derrota nazista.

Voltemos ao começo. Quando um presidente xenófobo e sem controle verbal sobe ao poder, a mensagem é clara. Está autorizada a temporada de revitalizar o medo e a segregação. Os discursos de Trump são como alimento para os gremlins. Com a franja de Drácula reluzindo ao fulvo sol ariano, cada pequeno vampiro se sente empoderado e autorizado.

As estátuas viraram o epicentro de uma nova guerra civil e de um iconoclasmo feroz. O racista é como um terrorista fundamentalista: é um *loser* da história. Tragédia: *losers* matam. Observe-se a fúria assassina do jovem racista que joga o carro em uma multidão: tenta passar por cima daquele mundo, daquelas vozes, daqueles corpos e da diversidade que perturba suas vísceras raivosas. Ato idêntico ao de outros terroristas mundo afora, como vimos em Barcelona, Alemanha ou França.

A supremacia branca é uma imbecilidade datada que ainda pode acionar um carro assassino. Uma parte do problema está na Virgínia. Outra está nos que interpretam que o adjetivo da expressão Casa Branca tenha um significado mais amplo.

Explicação para futuro

Passada a tempestade da barbárie nazista, o mundo tinha uma questão adicional. Por que a comunidade judaico-alemã não saiu correndo quando foram anunciados os resultados das eleições de 1932? Em janeiro de 1933, o cabo austríaco tomou posse. Por que não houve um êxodo? A resposta é complexa e desperta reflexões.

Olhamos para o Holocausto com uma visão sedimentada pelos fatos conhecidos. A percepção de tudo o que representava o nazismo só foi (se é que foi!) plenamente conhecida depois. As leis de exclusão racial são de 1935. A decisão de eliminar fisicamente todos os judeus sob controle do Terceiro Reich é da fase final da Segunda Guerra. Mesmo em 1945, diante de pilhas de evidências, muita gente custava a acreditar que aquilo ocorrera.

O risco existia, como sempre existiu para a comunidade judaica, oprimida secularmente por principelhos nos séculos anteriores e expulsa daqui e dali. Tanto o antijudaísmo como o antissemitismo eram tradicionais e endêmicos. Hitler pareceu mais uma onda da retórica causticante que nunca deixou de se abater sobre os judeus.

Havia judeus em cidades romanizadas antes da chegada dos bárbaros germanos. Imagine que você pertença a uma família que está há dois mil anos em Colônia, Alemanha, e, de repente, ouve falar que um estrangeiro austríaco venceu as eleições. Você se sente mais alemão do que ele e falando melhor a língua de Goethe do que o atrapalhado Adolf. Não é tão fácil conceber de forma rápida que aquele homem de fora do seu mundo seja o motivo para você deixar seu lar.

Questão fundamental: fugir para onde? O mundo de 1933 não apresentava muitas opções. Nos anos seguintes, as portas foram sendo cada vez mais fechadas. A onda de acolhimento das massas europeias, inclusive judaicas, tinha passado. Vejam dois exemplos vivos. Getúlio Vargas levantou crescentes barreiras à chegada de imigrantes judeus. Durante a guerra, a figura de heróis solitários, como o diplomata Luiz Martins de Souza Dantas concedendo vistos clandestinos, foi uma exceção.

Há um episódio particularmente doloroso: o transatlântico alemão Saint Louis não conseguiu descer em Cuba, na Flórida ou no Canadá. Era 1939 e a guerra estava prestes a explodir. O navio retornou para a Europa e alguns que chegaram a ver o sol do Caribe com esperança terminariam seus dias em Auschwitz.

O mito de um judeu que viu o horror da morte com passividade foi derrubado por muitas obras (como o livro de Benjamin Ginsberg: *Judeus contra Hitler*). Resistências extraordinárias como a do Gueto de Varsóvia existiram sempre. Mas quero insistir: em 1933, as coisas não eram tão claras para todas as pessoas. A objetividade pode aumentar com o passar dos anos. Que recepção teriam dado os indígenas da futura Bahia aos argonautas lusitanos, se supusessem tudo o que se desenrolaria nos séculos seguintes? Como imaginar que a Semana Santa de 1500 marcaria o início de um imenso genocídio?

Hitler era mais conhecido da comunidade judaica do que Cabral da indígena. O julgamento feito depois sobre o passado sempre apresenta o risco do anacronismo.

Já me surpreendi em devaneios de futurologia, algo interditado ao bom historiador. A situação no Rio de Janeiro é muito grave. Um médico amigo meu segredou-me que, pela primeira vez na vida, viveu tiroteio na porta do seu consultório em área nobre carioca. Bem, e se a situação do Rio e de São Paulo piorar de tal forma que signifique o colapso absoluto de tudo? Será que historiadores de 2050 perguntarão: por que os cidadãos do Rio e de São Paulo não fugiram para o campo, criando um novo Feudalismo, aliás, nascido exatamente em um ambiente de invasões e insegurança urbana? De certa forma, já estamos nos encastelando faz tempo em condomínios ou atrás de cercas e muros cada vez mais altos. Na Idade Média, a cidade era murada, pois o inimigo estava fora dela. Hoje, se o muro está em nossas casas, onde está o inimigo? E seguimos dando soluções privadas para problemas públicos.

Nossa permanência nas cidades brasileiras pode ser explicada da mesma forma pela qual pensamos os judeu-alemães. Consideramos a cidade nossa e não dos bandidos. Nem todos temos para onde ir. Quem é o inimigo? Quem é o Hitler de hoje? O problema atual não emana de um líder de tráfico ou de um gabinete político apenas. A capilaridade do problema nos deixa perplexos: contra quem devemos nos defender?

De muitas formas, há uma vitória atual do otimismo. Ao permanecer morando onde estou, considero, no fundo, que a situação não irá piorar. Algo surgirá para resolver o caos. Imagino, de forma muito positiva, que, depois dos males alados da caixa de Pandora, restará a esperança.

Prometeu criou os homens e entendia as coisas antes, como diz a etimologia do seu nome. Seu irmão, Epimeteu, compreendia as coisas depois e foi ele que acolheu Pandora e a caixa com todos os males. Continuar morando no Rio ou em São Paulo (ou Fortaleza ou Recife) é uma aposta profunda na esperança. O que dirão os homens do futuro sobre nós? Que geração notável era aquela! Ou: que bando camicase que não percebeu o que estava ocorrendo! Nossa bravura esperançosa ou nossa passividade marcarão nossa biografia.

PARTE QUATRO
Meu Brasil brasileiro

O que eu vejo das margens plácidas

Confissão dramática de idade: fui professor de Educação Moral e Cívica (EMC) e de Organização Social e Política Brasileira (OSPB). Um dos itens do programa era o Hino Nacional Brasileiro. Educado em escola tradicional, cantávamos com frequência. Com a obrigação profissional de ensiná-lo aos alunos, virei um estudioso da letra e da música.

Os versos de Joaquim Osório Duque Estrada, todos sabemos, guardam seus compromissos com o fim do século XIX: anástrofes e hipérbatos (inversões leves ou mais fortes da ordem natural das palavras) e uma análise sintática desafiadora. A ordem direta e o horror a orações subordinadas viriam depois, bem depois. O vocabulário do Hino Nacional Brasileiro é como o latim da missa: constitui um tom solene que não demanda compreensão plena, apenas zelo pelo sagrado. Cantávamos "Ouviram do Ipiranga" como rezávamos o Salve Regina: sem entender tudo, apenas crendo que fosse sinal de algo maior.

A música de Francisco Manuel da Silva é bela, todavia constitui um enorme obstáculo para o grande público. A partitura tem muitas armadilhas. Quando ouço uma plateia cantando, percebo que as arapucas são eficazes. Muitos caem nas emboscadas. A introdução vibrante e marcial já parece anunciar: cuidado, eu, a letra, venho chegando. Preparem-se! Vocês já estão de pé e em posição de respeito, mas irei desafiá-los! Aí vem a primeira cilada: as notas têm pequenos pulos: as colcheias são pontuadas. A palavra plácida já é difícil, no entanto, quando cantamos em fá maior (versão oficial para canto de Alberto Nepomuceno), o "plá" vai perder o bemol e será cantado de forma natural. Isso confere grande beleza e variedade à música e, em contrapartida, sepulta a chance de êxito diante do grande público patriótico e aumenta a chance de o "plá" sair desafinado. Não é à toa que os versos que caem em uma sequência de notas sem "pulos" ou que apresentam uma sílaba por nota são sempre cantados com muito mais força: "Ó Pátria Amada, Idolatrada, Salve, Salve!". Até quando se louva, há arapucas. Muita gente já disse: adoro nosso hino, criando o cacófato "nossuíno".

Novas armadilhas de sequência poética. Na primeira parte "em teu seio" e, na segunda, "no teu seio". Palavras, palavras, palavras, como exclama o príncipe Hamlet. O vocabulário é parnasiano: fora do hino, qual foi a última vez que você utilizou o termo garrida? Já elogiou a namorada como bem garrida? Já aplaudiu o sol de Ipanema por apresentar-se fúlgido? Já saudou o lábaro do Corinthians? Não houvesse a pena do acadêmico Osório Duque Estrada e essas palavras estariam na jaula a que Monteiro Lobato condenou vocábulos em desuso.

O hino brasileiro é um símbolo nacional (um dos quatro previstos na Constituição) e, como tal, tudo nele é resguardado pela forma jurídica. Não podemos inventar muito ao cantar: é ilegal. Uma cantora de inspiração jazzística nos EUA pode abrir o jogo interpretando livremente o andamento: *"Oh say, can you see"*. O verso inicial pode durar muito. O mais perto que chegamos disso foi com Fafá de Belém por ocasião da morte de Tancredo Neves (1985). A cantora amazônica transformou a marcha em um solene canto fúnebre. Ficou lindo, entretanto, rigorosamente, ilegal.

Hinos são símbolos. O canto congrega e constitui unidade. Sem alguns consensos não conseguiríamos construir uma sociedade, perderíamos identidade. O hino tende a transcender a subjetividade de cada um. Os militares cantavam o Hino Nacional. As manifestações das Diretas Já cantavam o Hino Nacional. Há uma gramática mínima que deve estar sob nossos pés para que o país continue existindo. Sendo um signo aberto, o hino permite que cada um faça sua leitura.

Chegamos a uma questão dramática. Toda a lógica do texto parece indicar que encerrarei com um tradicional apelo patriótico. Muitos leitores, especialmente os mais velhos como eu, dirão: "Precisamos de mais civismo e patriotismo, antigamente se cantava o Hino Nacional. Os alunos não cultivam mais os valores cívicos!".

Não estou convencido de que o patriotismo, dependendo de como construo seu conceito, seja um valor em si. O nacionalismo é um fenômeno também do século XIX e está na base da Grande Guerra de 1914-1918. A ênfase na identidade dada pelos símbolos está muito colada a regimes totalitários como o fascismo italiano e o nazismo alemão. As piores coisas do mundo já foram feitas em nome dos interesses da pátria. Reforçar muito a fronteira do nacional também implica afastar-me do resto da humanidade.

Uma solução boa para tais dilemas está na reflexão de Mahatma Gandhi. Ele viveu o drama de discursos nacionalistas e seus custos para a Índia. Dizia que queria sua casa indiana, mas aberta e com janelas para o mundo. Minha identidade, adaptando, é brasileira, isso não a torna melhor ou superior a ninguém, apenas é a minha. Nasci e cresci neste país, falo português, compartilho gostos e história com mais de 200 milhões de outros seres humanos. Nada me faz superior ou inferior a um paraguaio ou a um francês, tudo me torna brasileiro.

Parte do processo está ligada às margens do Ipiranga. Para todo o resto do planeta será o riacho que é: pequeno, hoje poluído, sem graças notáveis. Para mim serão as margens plácidas que constituem o sujeito da pergunta "quem ouviu o brado retumbante"? O hino e a bandeira são parte do meu sujeito também. Por isso canto, com entusiasmo, o Hino Nacional Brasileiro. Tenham um pouco de paciência com essas coisas antigas, fui professor de Educação Moral e Cívica. Quero meu país aberto e em paz com todo o mundo, porém, continuo sendo brasileiro, apaixonadamente brasileiro, e canto para esta pátria amada, idolatrada, salve, salve, encontrar seu rumo.

A conta do almoço

No mundo mais tradicional, o garçom sempre entregava ao homem a conta da refeição. Transformações culturais provocam dúvidas: quem assume a fatura do que foi consumido? Uma postura mais democrática e moderna é largá-la no meio da mesa e deixar que o casal decida. Os jovens nem imaginam que, em outras eras, havia até restaurantes com um cardápio para mulheres sem os preços, pois seria deselegante informar o valor da escolha dela.

As metamorfoses são amplas. O que nunca mudou? Há uma conta de almoço e ninguém, com igualdade de gêneros ou adepto do patriarcalismo cavalheiresco, deveria ignorar que existe um débito a ser saldado.

Os norte-americanos gostam de lembrar que não há *free lunch* (há acrônimos como TNSTAAFL, "*There's no such thing as a free lunch*"). É uma frase ampla, mas implicando, sempre, que tudo tem um custo. Inexistem gratuidades. O axioma seria um símbolo do materialismo prático dos estadunidenses. Tudo tem uma etiqueta de preço, inclusive o *time* que, afinal, é *money*.

Voltemos a Pindorama. Qualquer benefício dado por um governo apresenta um custo. O governo retira de alguém tudo o que possui e, quando decide fazer dinheiro em larga escala, acaba retirando de mais gente ainda com a inflação subsequente.

Sobre o uso do dinheiro público, há duas posturas iniciais. A primeira: aqueles que sabem que não há almoço grátis e desaprovam que o governo gaste com programas sociais, por exemplo. Recolher dinheiro de todos e dá-lo de forma "gratuita" a alguns (em geral, com objetivos de cooptação política) seria errado. Os que defendem essa ideia dizem que o Estado recolhe muito, penaliza todos e ajuda alguns com objetivos populistas. A voracidade arrecadatória aumenta para seduzir as massas e a crise é socializada com novas demandas.

Existe uma segunda postura, igualmente importante. São os que reconhecem a desigualdade e conferem ao Estado o papel de nivelador. Assim, o almoço tem um custo que deve ser cobrado dos mais endinheirados para financiar almoços grátis para outros menos afortunados.

Tanto o primeiro como o segundo grupo reconhecem que não há almoço grátis, porém divergem sobre quem deveria pagar a conta. O primeiro acha que programas sociais são desperdício de dinheiro com objetivos políticos de controle e o segundo acha que o programa social é a própria causa da existência do Estado, especialmente em áreas de baixo desenvolvimento econômico-social. O primeiro (em linhas bem gerais) acha que o indivíduo nunca deve ser penalizado pelo seu sucesso e o segundo acha que cabe ao governo evitar o afastamento entre o sucesso e o não sucesso. O primeiro grupo quer menos Estado e o segundo quer mais Estado em alguns setores.

São posturas que uso em forma didática/pura. Na prática estão um pouco misturadas. O mesmo indivíduo que se irrita com Bolsa Família como estratégia populista nada esbraveja contra isenções fiscais e políticas setoriais de créditos generosos subsidiados pelo poder público. O mesmo que defende a distribuição de bens aos mais pobres, quando no poder, começa distribuindo recursos generosos ao seu grupo. Fora do plano didático de estabelecer polos extremos para explicação, na prática os dois grupos amam que a conta seja paga pelo outro.

Há um terceiro grupo. São os que imaginam que, sim, existe um almoço grátis. Não imaginam o indivíduo ou o grupo, não constroem uma posição estatizante ou antiestatal. Simplesmente alimentam o sentimento de uma cornucópia permanente a fluir riquezas inesgotáveis. Não possuem uma postura política de esquerda ou de direita, conservadora ou revolucionária. Unicamente apresentam mentalidade mágica. Funcionam como crianças pequenas que olham os pais gastando e não conseguem ter ideia da fonte, do esforço ou do valor real do meio circulante.

Quando fiz uma pesquisa na graduação sobre discursos de deputados durante a Regência (1831-1840), lembro-me de uma história contada por um político da província do Maranhão que comentava que o governo era o cavaleiro e o cavalo era o povo. Quando um bolso parecia estar cheio ou prestes a romper com moedas em excesso, o cavaleiro transferia as peças para o outro bolso. O bolso da esquerda ou o da direita continuavam sendo carregados pelo cavalo-povo. A fala do deputado provocou muitos risos à época.

Quem vai pagar o pato? Essa era a questão lançada pela Fiesp. Há muitas divergências sobre o custo real do pato e do almoço. Todos pagaremos, na verdade. Com impostos aumentados sobre combustíveis, o pato grasna satisfeito. A questão de Temer-garçom já não é mais sobre a entrega da conta ao cavaleiro industrial ou à dama sindicalista. O ponto central é que não foi servido almoço de fato. Faltou comida e os convidados sentem que só o outro se aproveitou.

Na fábula tradicional, os ratos divergiam sobre quem colocaria o guizo no pescoço do gato. Os ratos do Brasil concordam muito e o guizo virou tornozeleira. Quando todos os ratos a usarem, ela será adereço carnavalesco em vez de elemento de controle penal. O almoço não veio e a conta já chegou, salgada. O que resta fazer: tatuar o nome do garçom no peito para conseguir algo extra da cozinha? O restaurante quase quebrou, o garçom tem posturas estranhas, muita coisa é decidida nos bastidores sem que os clientes saibam e, por fim, voltamos ao problema da conta: para quem será entregue?

SP e BR

A unidade nacional parece um processo vitorioso em alguns países, como Portugal, e fracassada em outros, como Espanha. No Brasil, ela é o meio caminho entre Lisboa e Madri.

Em 9 de julho lembramos o dia do início oficial da Revolução Constitucionalista de 1932. Por um projeto do deputado estadual Guilherme Gianetti sancionado pelo governador Mário Covas, a data é feriado estadual desde 1997.

A rigor, faz 85 anos que nenhuma parte do país pega em armas contra o governo central. Tivemos revoltas e massacres no período, mas foram iniciativas localizadas como o bombardeio do navio que levava o presidente Carlos Luz (1955), as rebeliões de Jacareacanga (1956) contra o governo de Juscelino Kubitschek ou o golpe de 1964. Revoltas organizadas de um estado contra o governo, de fato, encerraram-se em 1932.

O Brasil não gosta da expressão guerra civil, que povoa a experiência histórica de Colômbia, Espanha, Estados Unidos e outros. Porém, foram guerras civis a Guerra dos Farrapos (RS), a Cabanagem (PA), a Sabinada (BA), a Balaiada (MA), a Praieira (PE), a Federalista (RS) e tantas outras ao longo da tumultuada história nacional. O notável é que quase todas as rebeliões locais, sempre derrotadas, geram feriados e focos de orgulho. É o caso do 20 de setembro gaúcho e do 9 de julho paulista. Algumas lideranças do Pará lutam para tornar feriado o 7 de janeiro (data da Cabanagem) e não mais o feriado de 15 de agosto (dia da adesão do Grão-Pará ao Brasil).

Como toda derrota, o amargor do resultado pode ser atenuado por construções, como "vitória moral" ou "derrota nas batalhas e êxito nos ideais". São formas suaves de dizer que o governo central venceu todos os movimentos desde a colônia. Não haveria Brasil se isso não tivesse ocorrido ou, pelo menos, não um Brasil de 8,5 milhões de km².

Disse, ao principiar, que a Espanha era um modelo difícil de unidade. Persistem línguas distintas, regionalismos arraigados e já houve até movimentos armados pela separação. No Brasil, a união nacional é declarada no primeiro artigo da nossa Constituição vigente: "A República Federativa do Brasil, formada pela união indissolúvel dos Estados e Municípios e do Distrito Federal [...]". Nosso país é uma república e se organiza de forma federativa. Movimentos separatistas são, rigorosamente, ilegais. Jogo encerrado? Não! O que se discute é o grau da federação e seu funcionamento mais equilibrado. Continuamos debatendo o que os norte-americanos chamaram de "artigos federalistas" e que alguns políticos do século XVIII lançaram lá para discutir o equilíbrio entre poder central e poderes locais. As questões continuam em aberto: em que grau um governo central garante a integridade e é útil e quando ele atrapalha o que realmente importa, a vida do cidadão nas unidades menores.

O choque parece inevitável. Eu moro em uma cidade. A política local está mais próxima de mim. Em termos práticos, a microfísica de uma ciclovia em frente ao meu prédio é mais diretamente alvo da minha atenção do que o estabelecimento do mar territorial de 200 milhas marítimas feito no governo Médici. Na geopolítica e na estratégia, a declaração de soberania sobre esse trecho de oceano é infinitamente maior do que a ciclovia, todavia, insisto, meu olho está aqui e não nos penedos de São Pedro e São Paulo. Sei que Darwin desembarcou ali e que o local deve ser paradisíaco para mergulhos, no entanto, volto ao ponto: a ciclovia me toca mais.

O jogo das identidades locais e centrais continua. É o jogo da seleção do Brasil que mexe com o país e não o da seleção do estado. É a Bandeira Nacional que nos toca mais do que a estadual ou municipal. O hino brasileiro tem mais conhecedores pelo país do que os hinos estaduais ou municipais. Os símbolos nacionais congregam e emocionam, os locais menos. Meu passaporte é brasileiro, porém os locais que me tocam são memórias de juventude de lugares e ruas onde nasci e cresci.

Talvez seja sempre o jogo da memória que aparece na animação *Ratatouille* (Brad Bird, 2007). O severo crítico gastronômico Anton Ego adquiriu toda a empáfia e *savoir-faire* da Cidade Luz. Porém, ao experimentar o *ratatouille* no restaurante, a memória afetiva quebra décadas de frieza analítica e ele se vê transportado para seu local de nascimento e infância. A memória infantil e local quebrou todas as máscaras e defesas.

Pátria vem de pai e assim a chamamos em inglês: *fatherland* (o idioma também reconhece *motherland* e *homeland*). Pai dá identidade e limite na tradição psicanalítica. Passaremos a vida dialogando com o jogo identitário entre mãe e pai, afeto e limite. A pátria, feminina, é o pai da identidade e do limite; o local municipal e estadual é o masculino mãe que se encontra mais próximo. Um me deu sobrenome e outra, papinha, para dizer o mínimo. Nunca superamos essa ambiguidade do ser. Celebremos a liberdade da pátria. Tanto a de São Paulo como a do Brasil. Ambas nasceram perto do riacho do Ipiranga e juntaram a rebeldia paulista com o projeto nacional de não aceitar canga. Estamos precisando repetir muito que somos brasileiros.

Uma cidade sem letras

Dentro do Brasil há uma comunidade imaginada: a do analfabetismo. Se fosse uma cidade real, teria bairros diferenciados. O primeiro, mais tradicional, seria aquele no qual os cidadãos não conseguem sequer escrever/ler o próprio nome. São os mais representativos e deram nome à urbe. Toda a glória fundacional da cidade depende deles. Já foram maioria absoluta, hoje apresentam uma reduzida, porém, resistente população. São os ágrafos, fundadores da cidade iletrada e chegam a cerca de 8% de toda a Pindorama.

Mais populoso, todavia com fronteiras incertas, é o segundo bairro. Todos conseguem desenhar seus nomes. Trata-se da sua única conquista. Os anteriores consideram estes arrivistas que penetraram no território sacrossanto da ausência de letramento. Os ágrafos tratam dos analfabetos funcionais como falsos cidadãos. Apesar da diferença mínima entre eles, quase imperceptível para efeitos práticos, quando recebem a visita do senhor IBGE, os dois bairros ostentam brasões de cores distintas e não admitem confusões. O segundo bairro, que jamais permite ser confundido com o primeiro, é chamado de região dos analfabetos funcionais. É numerosíssimo, quase superpovoado. Como dito, apresenta fronteiras cediças e seu número exato é alvo de apaixonados debates.

Uma primeira ida a essa cidade curiosa poderia dar ao turista incauto a sensação de que as duas categorias representam o total do município. Ledo engano! Há subgrupos ativos e orgulhosos.

Quando o arrebol ilumina as altas torres do bairro ágrafo e dos analfabetos funcionais, surgem ângulos inusitados de chácaras e condomínios até então imperceptíveis.

Cidadãos recentes chegaram e compraram terrenos na cidade iletrada. Conseguem juntar consoantes e vogais. Formulam sons e dominam sinais gráficos de representação. Alguns, rezam lendas, chegaram a ler um livro completo. Todos foram infectados por uma doença agressiva: a polarização. O micro-organismo existe na água e é ativado por palavras-chave, verdadeiros estopins mentais. Basta o leitor do terceiro bairro encontrar sílabas próximas como Bol-So-Na que seu sistema cerebral entra em colapso e não consegue mais ler o que vem depois. A alfabetização cai por terra. O mesmo ocorre com o dissílabo Lu-la ou monossílabos como Che. Essas sílabas, completas ou insinuadas, impedem o prosseguimento da compreensão e detonam uma espuma branca na boca e tons avermelhados nos olhos. Uns bradam entusiasmados, outros rolam na grama furiosos: ambos não conseguem ler após as sílabas Bol ou Lu. Surgem gritos, interrupção cognitiva e incapacidade de decifrar mais letras. É o quarteirão dos analfabetos passionais.

Pesquisadores de Harvard e de uma universidade de Havana vieram estudar a origem do mal e tentar uma vacina. Infelizmente, em algumas casas não puderam entrar os de Harvard: eram "capitalistas imperialistas pró-Trump", vociferavam alguns. Em outras, os de Havana perceberam que bastava mostrar a carteira de origem nacional com o nome iniciado pelo símbolo químico do cobre que o efeito já era provocar um surto epilético convulsivo. A pesquisa não avançou.

Há um grupo na cidade sem letras que pode conter cidadãos dos dois bairros anteriores. A diferença é que percebem apenas manchetes e deduzem todo o resto. Funcionam na leitura como os corredores fantasiados de uma São Silvestre que saem em louca disparada nos cem metros iniciais, gritam um *slogan* e depois param, exaustos e sem fôlego. A energia desses cidadãos só possibilita captar uma frase. A partir dela, emperram na leitura, mesmo que surjam ideias divergentes a partir do segundo parágrafo. Abrem a internet em suas casas ou na rua, olham algumas fotos, recebem textos em redes sociais e, em uma fração de microssegundos, já colocam carinhas de aprovação ou reprovação. Praticam a chamada "leitura dinâmica", que consiste em não ler quase nada de forma muito rápida e deduzir opiniões rasas com paixão e bílis. São os analfabetos superficiais.

Bairros variados que apresentam o mesmo obstáculo: ler com atenção, demoradamente, entender antes de adjetivar e juntar sons a significados, sinais gráficos a conteúdos. O que representa a população da cidade iletrada no total no país?

Não é possível avaliar, especialmente porque os dois bairros finais se consideram, justamente, os únicos cidadãos brasileiros de verdade e querem resgatar a sociedade da cegueira que identificam nos outros. Pior, alguns egressos dos bairros um e dois acabam se mudando para os bairros três e quatro e criam afeto pela nova moradia!

Para os quatro grupos foi descoberta uma cura única e especial. Existe um profissional gabaritado e plenamente competente que tem o antídoto e até a vacina contra a incapacidade de leitura e de interpretação de texto. É um ser com vocação específica para fazer o mais árduo trabalho nos pântanos da cidade iletrada e receber quase nada por isso. O único que pode esvaziar a cidade iletrada se chama professor. A esse profissional que alfabetiza nas primeiras séries do ensino fundamental e pode nos acompanhar até as últimas do doutorado, fica aqui minha singela homenagem. Parabéns aos profissionais de educação. Sem eles, eu não estaria escrevendo esta crônica e você não estaria lendo. Dedico esta crônica a uma professora que deu mais do que letras, deu a vida aos alunos: Heley de Abreu Silva Batista.

O local, o nacional e o universal

Minha cidade natal, São Leopoldo (RS), era um município grande no século XIX. Por motivos variados, grandes porções do seu território foram se emancipando e originando outros centros autônomos como Novo Hamburgo, Campo Bom ou Sapucaia do Sul. Origem das secessões? Vontade de uma administração mais próxima dos moradores, punição de um governo estadual contra a cidade, sentimentos locais e interesses de políticos. Em comum, pelo menos para a maioria da população, havia a ideia de que a ruptura com o centro original e a formação de um novo agrupamento dariam início a uma era melhor e mais próspera.

Ocorreu o mesmo quando São Paulo perdeu áreas sob controle bandeirante, como as Minas Gerais ou o Paraná. A divisão, no caso, atendia interesses de um governo externo aos paulistas que encontrava eco em demandas locais. Pernambuco foi outra área colonial afetada por perdas territoriais punitivas.

Eu vi surgir Mato Grosso do Sul. Depois emergiu Tocantins. Minha geração testemunhou territórios federais virarem estados autônomos, como Roraima e Rondônia. Nosso paraíso insular, Fernando de Noronha, mudou seu *status* para integrar-se a Pernambuco. É irônico imaginar que podemos testemunhar a federalização de estados como Rio de Janeiro e Rio Grande do Sul, por insolvência.

Por vezes, uma área mais rica e desenvolvida de uma nação quer a independência. Os dados econômicos reforçam a ideia política e cultural de que a região mais avançada está sendo explorada e "carregando" outras nas costas do seu esforço. Desigualdade econômica é solo fértil para discursos racistas. O Norte da Itália pensa em formar uma liga de lombardos sem a porção meridional. A Bélgica, país mais novo do que o Brasil, sofre uma cisão interna e eterna entre duas línguas e dois modelos culturais.

Quase sempre a discussão é econômica. Também ocorre de ser mais cultural-linguística, como o sentimento do Quebec em relação ao resto do Canadá. Muitos corsos não se consideram franceses de fato, como muitos franceses rejeitavam a identidade do mais famoso filho da Córsega, Napoleão Bonaparte. O Sudão do Sul separou-se em plena e retumbante pobreza. Timor Leste lutou contra Portugal e, depois, contra a Indonésia para garantir sua autonomia. É uma das nações do século XXI.

O Brasil tomou o Uruguai sob o governo do príncipe D. João. A crise nascera na Europa: Napoleão havia invadido a

Espanha. A esposa do príncipe português era espanhola e a vingança foi atacar a Guiana Francesa e o Uruguai. Reforçava-se velho sonho colonial iniciado com a fundação da colônia de Sacramento: trazer para o controle lusitano uma das margens do Rio da Prata. Sob D. Pedro I, perdemos a província da Cisplatina. Feliz derrota: poderíamos ter hoje um território com outra língua lutando contra a tirania de Brasília. Poderia ser um "país basco platino" com possíveis atentados no horizonte.

E a Espanha? A formação do Estado espanhol sob os reis católicos no século XV não apagou diferenças culturais e linguísticas. O reino de Aragão englobava a atual Catalunha. O casamento de Fernando de Aragão com Isabel de Castela, em 1469, integrou as duas coroas. Quando a soberana católica morreu, em 1504, seu marido governou sozinho por um tempo. De alguma forma, o rei aragonês-"catalão" controlava Castela, como um dia o Paraguai invadiu o Brasil e o Tibete atacou a China. A história é dinâmica.

A integração com casamentos e acordos foi sendo forjada com visíveis sinais de fraturas. Joana, Carlos V, Filipe II e outros diminuíram liberdades locais. Apenas no século XIX podemos falar, de fato, em nacionalismo. Havia identidades e busca de liberdades políticas e econômicas locais. Cada rei que assumia em Madri ou no Escorial fazia juramentos em cortes locais de respeitar tradições regionalistas. Quase sempre isso era desrespeitado.

Em 1640, rebeldes catalães quiseram aproveitar um momento de fraqueza do império espanhol e declararam guerra aberta. Perderam a luta contra Filipe IV. No século seguinte, um novo rei, Filipe V, reprimiu ainda mais as liberdades locais. Punindo a Catalunha pelo apoio ao "lado errado" na guerra da Sucessão Espanhola, invadiu e tomou Barcelona, eliminando quase todas as veleidades de autonomia. Entre 1713 e 1714, a orgulhosa Barcelona foi submetida ao poder centralizador da nova dinastia dos Bourbons.

A ditadura de Francisco Franco apertou ainda mais o anel de ferro sobre os regionalismos. Línguas, danças e expressões locais foram reprimidas. Foi um enorme esforço de castelhanização da península.

Era lógico imaginar que a abertura pós-morte de Franco liberaria os sentimentos de identidade local. Senti isso como: a cada nova ida a Barcelona, mais gente falava catalão e menos pessoas utilizavam o espanhol. A bandeira catalã se multiplicou pelas sacadas de Barcelona.

Se a união não ocultava rupturas na prosperidade espanhola recente, na crise econômica que se seguiu, ela sofreu fratura exposta. A região catalã é fundamental na economia espanhola.

O atual rei Filipe VI (neto do conde de Barcelona) fez pronunciamento duro contra o separatismo catalão. O povo de Gaudí não gosta dos pronunciamentos dos Filipes, seja o IV, V ou VI. A Europa tem quase 40 regiões gritando por secessão. Corsos, escoceses, lombardos e gente do Cáucaso olham para as torres da Sagrada Família com esperança profética. O local e o regional estão em alta novamente. Talvez o mapa mude. É uma hipótese. Muito sangue vai correr pelo nacionalismo. É uma certeza.

A República brasileira de um Mourão a outro

Dia 15 de novembro é feriado do golpe que colocou fim ao Império. Nascida de uma ruptura da ordem constitucional, a República apresenta uma marca de origem problemática. Uma elite positivista incapaz de entusiasmar a população com seu projeto buscou a espada como amparo. O apelo ao conservador-monarquista Deodoro foi o reconhecimento de uma impotência política. O Exército assumiu o fardo: o mundo civil deveria ser tutorado como um adolescente buliçoso.

A intervenção militar prosseguiu sob Floriano Peixoto. Na década de 1920, jovens oficiais repetiam o mesmo mantra: amamos o Brasil, porém seu povo não sabe votar e é analfabeto, logo, precisamos impedir que se machuque até crescer. Autoproclamados babás de uma nação inquieta, tenentes revolucionários viraram generais com o mesmo modelo de guardiões da menoridade tupiniquim. Também foi um grupo de militares que derrubou Washington Luís, o último presidente da República oligárquica, em 1930.

Um capitão, Olímpio Mourão Filho, fez parte de uma das grandes farsas da história do Brasil. A descoberta de um grandioso "plano comunista" (Plano Cohen) veio ao encontro dos anseios do governo Vargas para minar as eleições em curso. O falso complô foi divulgado como verdadeiro e o integralista capitão Mourão serviu aos anseios do golpe de 1937. A nação, mais uma vez, era vista como ingênua e dócil ao canto fatal das sereias marxistas.

O capitão Mourão manteve sua decidida vocação de golpista e foi o pioneiro na derrubada do presidente Goulart em 1964. Os tenentes tinham virado generais. Mudam-se os postos e permanece a ideia: o Brasil precisa do amparo ordeiro da tropa. O espírito castrense pairava sobre a sociedade e corrigia os desvios dos sempre inquietos cidadãos. O pensamento era compartilhado por muitos civis que desconfiavam da democracia como caminho. A velha UDN é mais típica da paisagem tropical do que o pau-brasil.

Os monitores da vontade nacional nem sempre concordaram. Por vezes, as babás brigavam entre si. O general Frota quase derrubou o general Geisel. A Marinha andou estranhando a Aeronáutica durante o regime de exceção. Os que mandavam discordavam de quando em vez, porém eram um bloco monolítico sobre a incapacidade de autogoverno da sociedade civil.

Mourão Filho usou o medo comunista duas vezes para que as crianças fossem para a cama ordenadamente. Medo sempre foi boa estratégia de controle. A noite ditatorial terminou com inflação de mais de 220% ao ano, desemprego, denúncias de corrupção repetidas e o país mendigando no FMI. Raiou o Estado de Direito em um país pobre, desigual e combalido. Pelo menos, não viramos uma Cuba, era o que se dizia.

Vai-se um Mourão e desponta outro. É o ciclo da tragédia que vira farsa. O novo Mourão dá uma palestra em uma loja maçônica. Suponho que generais sejam profissionais bem preparados para o exercício da guerra, da estratégia, do preparo físico e de outros valores. Explicações sociológicas e históricas pertencem ao mundo fora da caserna. Um general dar uma palestra interpretativa do Brasil é tão lógico como eu, historiador, ser chamado a desmontar uma metralhadora ou explicar técnicas de sobrevivência na selva. Existem limites profissionais para militares e para historiadores. Pior: por princípio, generais na ativa (como Antonio Hamilton Martins Mourão) não poderiam expressar opiniões políticas.

O oficial cometeu três equívocos. O primeiro foi posicionar-se publicamente sobre política. O segundo foi não perceber que, sim, as Forças Amadas podem ser convocadas pelos poderes constitucionais, porém, como diz o artigo 142 da nossa Constituição, sob a autoridade suprema do presidente da República e dos poderes constituídos pela Lei Magna. É tão lógico um militar assumir o poder quanto seria plausível a OAB dar um golpe no país e instaurar um regime de advogados ou a Academia Brasileira de Letras criar uma platônica gestão intelectual da pátria. Militares são profissionais fundamentais para a nação e preparados para uma atividade única e insubstituível. Importante dizer que essa função não é a administração política. Um golpe militar é sempre um projeto de poder e de controle, com frequência invocando vernizes patrióticos.

Vamos ao último equívoco. Talvez seja o mais grave. O general decidiu ser cientista social e invocou ideias do fim do século xix e início do xx. Naquela época, dominavam teorias racistas e se repetia, ao modo de Silvio Romero, que o Brasil era a junção do pior de três mundos: o lusitano, o indígena e o africano. A ideia existia no Brasil e fora dele, e foi atacada pelo brilho do sergipano Manoel Bonfim e dezenas de outros. Tornou-se percepção ultrapassada alguns anos depois e hoje é estudada como analisamos as sangrias com sanguessugas na história da Medicina. Bem, o general Mourão usou essa explicação. A fala foi preconceituosa e anacrônica para dizer o mínimo, racista para dizer o máximo.

O exército é formado por homens honrados e é uma força essencial à democracia. Jamais julgarei o todo pela parte. O Brasil precisa de bons militares, bons advogados e bons professores. Todos eles podem se candidatar, em determinadas condições, ao exercício político da administração. O fato de políticos serem corruptos ou incompetentes leva-nos a querer melhorar o Estado de Direito, nunca substituí-lo por repúblicas de bananas governadas por alguém fora do jogo constitucional. Diante do descalabro ético atual, invocar intervenção militar seria como, diante de um erro médico na sala de cirurgia, passar o bisturi para o chefe da segurança do hospital – afinal, homem probo e versado em armas. É muito complicado a um Estado soberano de dimensões continentais abrir mão das suas Forças Armadas. Da mesma forma, nenhuma democracia pode viver sob a ameaça de uma escopeta.

Medo ou esperança

O Brasil é o país do futuro! Do ufanista Policarpo Quaresma à ironia da letra de Renato Russo, esse sempre foi um tema forte. O futuro à frente não é um pleonasmo tão evidente. Comparemos com dois países importantes na nossa formação: Portugal e Argentina. Lisboa foi a capital das especiarias e o mundo da vanguarda dos descobrimentos no início do século XVI. Buenos Aires era o porto cosmopolita de uma nação que abastecia o mundo de grãos e carne no início do século XX. Argentinos e portugueses viveram um apogeu fabuloso e suas capitais trazem marcos notáveis do passado de glória. Houve glória e ela passou.

Nós somos diferentes. Sempre acreditamos na potência do amanhã. O cenário possibilita o devaneio: território de riquezas enormes e sem terremotos, tínhamos tudo para dar certo. Faltava, claro, mudança no elenco e na direção. A culpa não era da terra ou das águas.

Não quero voltar ao tema do debate sobre os entraves do desenvolvimento. Já fiz algumas vezes. Quero lembrar que sempre fomos notavelmente otimistas com nossa redenção no porvir. Houve quem visse no povo, especialmente o sertanejo, um tipo triste e depressivo, como Euclides da Cunha e Graciliano Ramos. Outras figuras construídas no imaginário brasileiro ou estrangeiro consagravam a alegria e a engenhosidade, de Pedro Malasarte ao Zé Carioca. No exterior, somos conhecidos pela alegria, pela afetividade, pelo contato mais direto com as pessoas. Quem como eu já passou um tempo fora dos trópicos sabe que, fora daqui, são vistos menos dentes, abraça-se menos e escasseiam beijos.

Não se trata de refazer a fantasia do mundo sensual e sem pecado que se origina desde a citada criação de Disney até o incentivo ao turismo sexual. Trata-se da alegria.

Nosso Éden utópico e feliz parece abalado. Seria a crise? Ela está passando. Seriam as mazelas da política? Nunca foi muito animadora. Falta pouco para começarmos a bufar como um francês e a não beijar em público como um japonês.

Tenho uma teoria escalafobética. O que nos atrapalhou no mantra "Brasil-país-do-futuro" foi a estabilidade econômica e o otimismo político entre os anos FHC e Lula. O sucesso nos subiu à cabeça. A estabilidade da moeda e os programas sociais aliados a presidentes com críticas, mas populares, trouxeram ventos novos. O futuro tinha chegado! Muita gente tendo acesso ao consumo. Revoluções sem fuzis: a do iogurte, a do frango, a dos aviões, a do acesso à universidade! O futuro, aquele que Stefan Zweig havia descortinado (sem acreditar nele pessoalmente), era uma realidade agora. Tinha chegado nossa vez na fila do desenvolvimento.

Um presidente da maior potência do planeta aponta para o nosso governante e diz: ele é o cara! Nosso presidente era o cara! Por extensão, o Brasil era o país! Sim, muita gente, atualmente, diz que não gostava do cara. Mas um cara muito poderoso disse que "o cara" nos governava. E o cara daqui terminou o mandato com 80% de aprovação.

Minha teoria é que esses anos estragaram nosso otimismo. Por quê? Fomos retirados da utopia esperançosa e algo ingênua para a dura realidade da crise econômica intensa e do descrédito político. Nem o governante deposto do Zimbábue diria, hoje, que nosso atual líder é o cara! Nem o cara de antes receberia elogios rasgados em qualquer lugar. Por extensão, deixamos de ser "o país". Não foi apenas o descrédito do ocupante do Executivo, é o desdouro nacional em si. Estamos muito macambúzios. O tamanho da dor de 2013 a 2017 foi a de ter quase morado em Versalhes, mas ter de voltar ao puxadinho cinza de sempre. O paraíso nos escapou depois de ter aberto os portões e deixado perceber suas delícias inenarráveis. Se fosse uma figura mitológica, teríamos a experiência de Orfeu. O músico quase divino perdeu a amada Eurídice. No apogeu do idílio, ela foi para o mundo dos mortos. Com sua arte comovente, Orfeu convenceu Hades a permitir a volta da amada. A condição? Não olhar para trás até que ambos estivessem no mundo dos vivos. De lira em punho, o apaixonado guia a sombra da eleita até a saída. No último instante, já antevendo as delícias do casal que se reencontraria, dá a mão e se volta para que ela saia do buraco no solo. Erro fatal. A regra foi quebrada e Eurídice retorna ao mundo sombrio. A dor de Orfeu é tão grande que inspirou óperas e quadros. Perder tendo quase conseguido! Extraviar a vitória na undécima hora! Derrota ocorrida aos 45 do segundo tempo!

Há uma diferença entre sonhar com o Paraíso que pode ser encontrado um dia e perdê-lo tendo quase conseguido. A esperança radiosa piora a dor do fracasso. O que nos estragou parece ter sido o "quase" que vivemos há pouco.

Sempre que existe o novo (novo ano, novo aniversário, novo projeto), temos o otimismo como tônica dominante. Quem sabe o novo chegue quando tivermos desistido de imaginá-lo ou de ansiar por ele? Seria como o amor que a genial Clarice Lispector afirmava ser possível apenas para distraídos?

PARTE CINCO
O mundo como eu vejo

Solitários entre monstros

Há uma cena impactante em *Eu sou a lenda* (Francis Lawrence, 2007). A humanidade, para quem não viu o filme, foi dizimada por uma praga. Todos os infectados ficam irracionais, agressivos e incapazes de enfrentar a luz do dia. Em uma Nova York deserta, apenas um solitário médico humano (Will Smith) não atingido passa os dias lutando para encontrar uma cura.

O pesquisador descobre, enfim, o remédio definitivo. Ao mesmo instante, como costuma acontecer em narrativas ficcionais, chegamos ao ponto máximo do ataque dos seres à sua casa. Com a solução definitiva na mão, através de uma espessa parede de vidro, ele se vê cercado por centenas de monstros que se batem contra a estrutura. Em desesperada tentativa de diálogo, o doutor exibe o frasco e exclama: Existe a cura! Ninguém o ouve. Nem tenta. Talvez a doença atrapalhe a compreensão ou, mais provável, a raiva homicida das criaturas não seja um mal para elas nem desejem combatê-la. Ele chora e aceita a impossibilidade de diálogo que levará ao desenlace.

Quando vi o filme, imaginava, apesar de o livro de origem ser antigo (*I am Legend*, 1954, Richard Matheson), tratar-se de uma metáfora americana do mundo fundamentalista islâmico, por exemplo. Intuí que a obra era uma crítica à ideia de diálogo entre o Ocidente e seus valores contra a horda, os irracionais, os outros, notavelmente fundamentalistas. De um lado, norte-americanos e sua ideia de liberdade e respeito a diferenças, do outro, seres incapazes de conversar. Era uma recusa da diferença.

Talvez o filme esteja certo. Que diálogo teríamos com uma liderança do Estado Islâmico? A existência dele é baseada na exclusão do outro. É impossível existir, naquele modelo, sem ódio. O discurso e a prática dependem da exclusão. Como o Deus autoritário do *Evangelho segundo Jesus Cristo* de Saramago, o diabo é essencial para o poder celeste. Sem o demônio (Ocidente), não se edifica o poder dos guerreiros fanáticos, no exato sentido grego da palavra fanático: aquele que se diz inspirado pelos deuses.

Vou problematizar. Que espaço de negociação poderia existir para os franceses quando invadidos pelos alemães, em 1940? Quase todas as vezes que os indígenas dos Estados Unidos negociaram um acordo de terras e depuseram armas no século xix, foram enganados com uma nova opressão. No caso, o diálogo é conveniente ao lado mais forte e uma estratégia equivocada para o dominado. Concordo com a ideia: nem sempre é possível negociar ou conversar.

O que tem chamado minha atenção, especialmente pelas redes sociais, é que minha defesa do diálogo político pode ser amplamente debatida e contestada a partir de argumentos como identifiquei no parágrafo anterior. Sempre podemos lembrar que a concessão ao inimigo, como na Conferência de Munique, em 1938, é uma maneira de conceder tempo e poder para que esse adversário se prepare mais e, quando for conveniente, ataque com toda força. No caso de Munique, ao aceitarem a criminosa invasão dos Sudetos, França e Inglaterra praticaram a Política de Apaziguamento que foi favorável aos nazistas e que levaria, no ano seguinte, à guerra. Hitler se assemelhava às criaturas do filme *Eu sou a lenda*. Diplomacia, com fascistas, é capitulação.

Como eu disse, o argumento do diálogo ou do pacifismo pode ser questionado ou defendido a partir de muitos exemplos do passado. Concordo com o *Segundo tratado sobre o governo civil*, em que Locke defende, diante de governos autoritários e despóticos, que é legítimo (aos olhos de Deus, diz o inglês) o direito à rebelião. Porém, o que mais me chama a atenção é um novo tipo de argumento contra o diálogo no Brasil.

Os que se identificavam mais à esquerda, os inimigos de Temer e defensores da ideia de que houve um terrível golpe contra Dilma, os adversários da reforma da Previdência e trabalhista, afirmavam de forma absoluta: não é possível negociar com reacionários que só querem destruir os trabalhadores e suas conquistas. Só a linguagem da força, do ataque direto, da pressão decidida seria ouvida.

Não pode existir conversa com golpistas e Temer deve ser expulso do poder. Por esse raciocínio, ao defender o diálogo e a paz, estou contra os trabalhadores e seus direitos. Se fosse uma aula de silogismo...

Os que tinham mais afetos pelo pensamento oposto mandavam textos e argumentos para mim: "Professor, como negociar com pessoas cujo único objetivo é destruir o Brasil e ficarem se aproveitando das tetas do Estado? Eles são todos vagabundos treinados em Cuba, arruaceiros e desocupados. Não se pode conversar com um esquerdopata!". Pelo mesmo erro indutivo do polo oposto, se defendo que o Estado não desça a marreta em manifestantes de esquerda e que dialogue com eles, sou convidado a comprar passagem para a mesma ilha do desterro caribenha.

Recebo agressões dos dois lados. Isso é irrelevante. Há, porém, muitas mensagens não agressivas, apenas argumentando que o obstáculo do diálogo está no outro. Alguns tentam me atrair a sua causa, movidos, talvez, por certa simpatia. Todos os polarizados concordam com uma coisa: o outro é o obstáculo e a barreira a qualquer coisa civilizada.

A chamada polarização apresenta vários efeitos. Ela costuma esmigalhar a inteligência do debate. Todo argumento é pessoal e qualificativo. O recurso falacioso do *ad hominem* é absoluto. A abundância de adjetivos e de superlativos em uma conversa poderia ser indicativo seguro de que o passional superou o racional. Outro efeito é o tranquilizador: o mal está do outro lado.

O que de fato estamos discutindo quando berramos "Fora Temer" ou "Lula na cadeia"? Claro, podemos estar expressando o legítimo direito democrático de dizer para onde queremos enviar nossos desafetos. O *slogan* faz parte da política e da democracia. Volto à pergunta: o que, de verdade, estamos dizendo quando berramos? A reação excessiva e com o fígado, digo há tempos, mostra que há algo mais do que a divergência política. Muitos dos que hoje gritam "Fora Temer" se moveram apenas na internet, sem muito entusiasmo, quando Dilma sofreu o impeachment. Outros que bradaram que não dormiriam enquanto a corrupção não fosse erradicada do Brasil parecem ter ajeitado confortavelmente o travesseiro diante de reformas do Estado que satisfazem seus interesses. O que realmente dizemos com nossos *slogans*?

Está cansativo o jogo do "meu ladrão é mais legal do que o seu", ou o "nosso lado é vítima da Globo, da *Folha* e do *Estadão*", ou "nós somos pacíficos, os outros que começaram", ou "só nós somos o futuro do Brasil". Está muito cansativo mesmo.

O sistema político brasileiro esgotou-se. Há pouca crença de que seja, de fato, representativo. Isso talvez seja muito mais grave do que discutir qual o perfil que desejamos no Palácio do Planalto.

Nas sombras de um debate de surdos que desfoca da ética e centra na orientação ideológica, surgem ogros com ideias verde-oliva. Do esgotamento da política emerge a ideia da força. É um filme antigo, repetitivo e que parece nada ensinar ao povo de Pindorama.

Escrevo isso e volta à memória a cena descrita de *Eu sou a lenda*: os monstros estão se batendo no vidro e quem busca algum remédio ou alívio efetivo é classificado como alguém em cima do muro.

Oração aos moços que envelheceram

Recebi da Caixa Econômica Federal uma linda coleção com três volumes da obra de Rui Barbosa. Um continha a célebre "Oração aos moços". O autor baiano escreveu, porém não conseguiu proferir, por estar adoentado. Era a formatura da turma de Direito do Largo de São Francisco, em 1921. A edição atual foi revista pela ação diligente de Ariano da Gama Cury.

Cresci ouvindo citações de Rui. Meu pai, advogado, admirador da retórica clássica, tinha uma frase do Águia de Haia emoldurada no escritório. O quadro falava da decepção dos bons diante do triunfo das nulidades. Rui era um modelo de inteligência, português escorreito e brilho oratório.

Depois, estudando história, vi que o fulgor de Rui na conferência de 1907 era mais fruto do nosso nacionalismo querendo espaço ao sol do que um autêntico meteoro francófono que teria impressionado as potências. Foi menos do que supúnhamos, ainda que tenha sido bom.

Também li muitas críticas a esse troar de palavras e frases complexas do estilo de Rui Barbosa. As vanguardas literárias e o pensamento crítico que passamos a viver viram no advogado um amontoado de sinonímias com frases de efeito e, em si, destituído de verdadeiro valor literário ou filosófico. Rui seria a encarnação do bacharelismo vazio que usava palavras ao vento como prática de uma cultura elitista e anódina. Seria uma espécie de Conselheiro Acácio (personagem do *Primo Basílio*, de Eça) de platitudes eruditas, frases de perfeita construção sintática e conteúdo duvidoso. "Mudam-se os tempos, mudam-se as vontades" e um novo Brasil não mais via em Rui a referência de saber.

Reli a "Oração aos moços" de uma só vez. Continua pontificando na estrutura formal. Teria ainda validade seu conteúdo?

Rui está velho. Sente o fim que se aproxima. Tem mais de 50 anos de exercício como advogado e mais de 70 de vida. Já exerceu funções diplomáticas e já concorreu algumas vezes à presidência da República. Já foi deputado no Império e senador na República. Viveu o suficiente para ver seu sonho republicano transmutar-se em poder oligárquico e corrupto. O texto traduz parte dessa melancolia. A República, da coisa pública, tornara-se a re-privada, no duplo sentido da expressão. A tese é de um Rui já erodido pela realidade, porém apostando na próxima geração.

Diante de si (caso tivesse proferido o discurso), estariam os formandos em Direito como ele mesmo fora, naquele espaço, décadas antes. Como ele comenta, o mundo mudara. Formado durante a Guerra do Paraguai e tendo testemunhado a Franco-Prussiana, observa agora um mundo que emerge do terror do conflito mundial de 1914-1918. O ambiente de 1920/21 é de recuperação pós-guerra, pós-gripe espanhola e, pouco após o momento do discurso, de impactos novos com o tenentismo e a grande crise das oligarquias.

Em meio a dores passadas e novas perspectivas, o velho advogado louva a fé e o trabalho. Em parágrafo que hoje seria lido como de apoio ao empreendedorismo, fala que a origem familiar não é nada e que o esforço de estudo e trabalho desde o amanhecer transforma tudo. Fala do caso do padre Francisco Suárez, o famoso jesuíta espanhol que começou os estudos com a fama de limitado e terminou como um dos grandes nomes do pensamento teológico da Idade Moderna. Para Rui, o esforço é tudo. Em passagem pessoal, ele refuta como fantasiosas as teses de que sua produtividade tenha origem no hábito de muito café e pedilúvios gelados para afastar o sono. Defende o método, o esforço e o acordar cedo. "Oração e trabalho são os recursos mais poderosos na criação moral do homem", registra o soteropolitano.

A "Oração aos moços" traz uma longa reflexão sobre a magistratura. Sabedor que muitos jovens naquele centro de excelência se encaminhariam para a carreira de juiz, Rui admoesta que não favoreçam o Estado como princípio, que não vivam para a vitória do governo, mas da lei e da justiça. Dá um conselho muito interessante para aquele momento: o juiz deve evitar a publicidade excessiva.

Os juízes são a esperança de futuro contra uma pátria injusta. Sua missão supera o indivíduo. Todo o texto está atravessado de referências sobre Deus, justiça divina e o sentido superior da existência humana.

Ao final, Rui Barbosa dirige sua fala para os jovens advogados. Tantos rostos esperançosos e repletos daquela energia de quem pretende transformar o mundo. Moços que, pela época da formatura, tinham acompanhado fatos notáveis como a Greve Geral de 1917 e a deposição de quatro imperadores. Estavam, vindos de todo o Brasil, no centro de São Paulo que se inchava de orgulho, dinheiro e pessoas. Os automóveis tinham se tornado mais comuns, a eletricidade já era cotidiana, bondes elétricos cortavam a Pauliceia, a vida estava à frente daqueles bacharéis. Para esses corações ansiosos e com as certezas que só podemos ter quando muito jovens, Rui escreve: "Mãos à obra da reivindicação de nossa perdida autonomia; mãos à obra da nossa reconstituição interior; mãos à obra de reconciliarmos a vida nacional com as instituições nacionais; mãos à obra de substituir pela verdade o simulacro político da nossa existência entre as nações. Trabalhai por essa que há de ser a salvação nossa. Mas não buscando salvadores. Ainda vos podereis salvar a vós mesmos. Não é sonho, meus amigos: bem sinto eu, nas pulsações do sangue, essa ressurreição ansiada. Oxalá não se me fechem os olhos, antes de lhe ver os primeiros indícios no horizonte. Assim o queira Deus".

Rui morreu em 1923. Todos os moços que ouviram aquela oração já são túmulos venerandos. Os netos dos moços já devem ser sexagenários. Terão passado esses valores? Ecoa ainda o valor de Rui?

A cidade e as serras

Quando jovem, li toda a obra de Eça de Queiroz. Foi um amor denso, absorvido de forma sistemática e na ordem que encontrei na biblioteca de meu pai. Fiquei escandalizado com *O crime do Padre Amaro*. Tive certa repulsa por Luísa e sua empregada no *Primo Basílio*. Amei a ideia de declínio na *Ilustre casa de Ramires* e me diverti muito com *A relíquia*. Ria sozinho com as artimanhas do Raposão contra a tia beata. Por algum motivo, um bom texto como *Os Maias* não me pegou muito. Por fim, conheci o romance *A cidade e as serras*, publicado após a morte do autor.

Trata-se de obra com fundo conservador. O centro da discussão está no tédio urbano e na falta de sentido da abundância de Paris em oposição a uma vida sincera e despojada. A lição do livro é que fazer família no interior com alimentação frugal e sem os salamaleques aristocráticos é o ideal de felicidade. O potencial disruptivo é menor do que o do Padre Amaro ou da adúltera prima Luísa.

Feitas essas observações, preciso reconhecer, é meu livro preferido da pena de Eça. Jacinto, a personagem central, é o príncipe de grã-ventura. Vive rico em mansão parisiense. Seu amigo Zé Fernandes o descreve: "Meu amigo Jacinto nasceu num palácio, com 109 contos de renda em terras de semeadura, de vinhedo, de cortiça e de olival".

Jacinto segue uma vida cheia de atividades que não o satisfazem. Compra milhares de livros, adquire todos os aparelhos modernos, adorna a casa com encanamento e disposição de água quente (que quase o mata afogado) e vive dando passeios sem sentido. É presidente de empresas que não o absorvem e a tudo considera uma maçada. Seu funcionário mais tradicional (o Grilo) diz que ele sofre de um mal: a fartura.

O excesso matava o vigor. Para beber, havia águas tão variadas que ele é incapaz de decidir entre as carbonatadas, acidificadas ou borbulhantes. Há tantas escovas de cabelo e com cerdas tão sortidas que ele vive perdido em meio à parafernália parisiense de toucador. Um dia, contemplando Paris, Jacinto e Zé Fernandes discutem a cidade como esse lugar de excesso, abulia e decadência. Também constatam que as modas vêm e vão no campo das ideias.

O que seria a estonteante Paris? "Nem este meu super-civilizado amigo compreendia que longe de armazéns servidos por três mil caixeiros; e de mercados onde se despejam os vergéis e lezírias de 30 províncias; e de bancos em que retine o ouro universal; e de fábricas fumegando com ânsia, inventando com ânsia; e de bibliotecas abarrotadas [...] de fios de telégrafos, de fios de telefones, de canos de gases, de canos de fezes; e da fila atroante dos ônibus, tramas, carroças, velocípedes, calhambeques, parelhas de luxo; e de dois milhões duma vaga humanidade, fervilhando, a ofegar, através da Polícia, na busca dura do pão ou sob a ilusão do gozo – o homem do século XIX pudesse saborear, plenamente, a delícia de viver!"

Por acidente da vida, Jacinto precisa voltar a Portugal para inaugurar um novo jazigo de família. Para isso, despacha toda a parafernália urbana: aparelhos, livros, móveis *et caterva*. Chega a sua mansão lusitana nas serras sem que seus objetos tenham assomado. A casa estava em ruínas e ele se vê obrigado a ficar com pouco. A comida austera é mais aproveitada do que os excessos gastronômicos da Cidade Luz. Lentamente, submetido a um regime distinto, o príncipe da grã-ventura vai descobrindo a alegria do pouco e o prazer da simplicidade. Ao perceber que alguns dos seus inquilinos rurais vivem em pobreza, passa a reformar suas casas e se torna um benfeitor social. Finalmente, encontra uma moça simples, distinta das suas duquesas e baronesas parisienses, casa-se e passa a povoar o mundo de pequenos jacintos, sem nunca ter saudades ou desejos de restaurar a glória do endereço da Champs-Élysées, 202.

Em uma primeira leitura, trata-se de um Eça que não mais critica a sociedade portuguesa e suas hipocrisias provincianas e católicas. Porém, também é a crítica ao declínio da identidade lusitana em meio à sedução francesa e um apelo ao melhor da modernidade ligado às raízes da serra de Tormes. Sejam civilizados, mas sejam portugueses, parece ser parte do apelo do escritor. Eça experimentou as ambiguidades do texto. Várias vezes repetiu ao longo da vida: "Sou um pobre homem da Póvoa de Varzim".

A resposta de Eça, ao final da vida, foi rejeitar a sede da modernidade urbana: Paris. A minha ainda é a vida do primeiro Jacinto, sem sua fortuna. Lugares pequenos e bucólicos, para um descanso de 48, 72 horas no máximo, são bem-vindos. Depois disso, a aldeia e a vida pequena começam a me sufocar. O mundo paulistano e seu corolário de caos, cultura, riqueza humana, trânsito caótico, violência, oportunidades e desafios são o sangue que ainda corre pelas minhas veias. Preciso disso. Descobrirei a alegria das serras um dia? Entendo todos os detratores da vida metropolitana, porém associo vida plena ao mundo urbano.

Crianças, cachorros e deuses

Na Idade Média, não havia crianças e não existia o amor materno como o entendemos hoje. A ideia é tradicional para os historiadores. Costuma encontrar alguma reação em públicos de outras áreas. "Não havia crianças? Nasciam adultos"? Sim, adultos "inaptos" que deveriam ser treinados para que se tornassem produtivos e responsáveis. Criança está ligada ao verbo latino para aumentar, produzir, erguer. Infantil é literalmente quem não sabe falar. A criança era definida pela negativa do adulto. É difícil pensar sobre outros modos de significação quando estamos diluídos no nosso.

Um processo de séculos, como a invenção da criança, perde objetividade. Vamos para uma transformação mais recente: a relação dos humanos com animais domésticos de companhia.

Nasci no interior, em uma casa de pátio amplo. Cães e gatos eram frequentes. Aprendi a gostar deles desde muito cedo e ainda tenho saudades de animais que morreram há mais de 30 anos, como o cocker spaniel Drop ou a gata Lucrécia (sem raça definida).

Nosso amor era compartilhado pela família e, mesmo assim, cães e gatos comiam, quase sempre, restos das refeições familiares. O veterinário existia, mas, mesmo entre bem situadas famílias de classe média do interior, era um apelo extraordinário em caso grave. Animais não eram levados regularmente a consultas.

Tudo isso foi sendo transformado em ambientes urbanos brasileiros. A ideia de alimentação deu um passo quando se popularizou o hábito de misturar uma polenta com alguma carne de segunda ou miúdos de frango. Quem fazia isso já indicava um pertencimento social acima da média.

Vi surgir o mercado de rações. Propagandas ressaltavam como era saudável e como era prático comprá-las. Os ramos se especializavam: havia para gatos, para cães e para filhotes em geral. Embalagens começaram a destacar virtudes: pelos sedosos, disposição, saúde dental. Brotaram biscoitos caninos, bifinhos, ossos artificiais, brinquedos e casinhas cada vez mais sofisticadas.

Canis e gatis brotavam junto a pet shops. Assisti também às primeiras propagandas de passeadores, hotéis de fim de semana para animais e, bem mais recentemente, acupuntura, ofurô e hidroginástica para nossos amados quadrúpedes.

Parece, por simples observação empírica sem método científico, que há mais raças e maior variedade pelas ruas hoje. Minha infância tinha muitos sem raça definida ao lado de um minoritário pastor-alemão, pequinês, fox paulistinha e um punhado escasso de outros.

Os nomes? Meu avô tinha um cão denominado Piloto que o acompanhava em caçadas e pescarias. Nós tivemos uma Lady: por influência do desenho *A dama e o vagabundo*. A já citada Lucrécia era uma exceção ligada ao meu gosto por História (de Lucrécia Bórgia). A norma eram nomes como Rex para cães e Mimi para gatos. Hoje, nome e sobrenome, quase sempre sofisticados, substituem os simples e diretos do passado.

Um cão dormindo do lado de fora de casa, amarrado por um fio de arame ou corrente, é algo menos comum hoje, ainda que existam muitos animais abandonados.

Cães e gatos, especialmente na classe média e alta, foram humanizados. Em vez de adereços simpáticos, transformamos cães e gatos em parte integrante da afetividade humana. As raças são variadas e, como todo dono de animal sabe, ao passear com seu animal, parte do sucesso do bípede está relacionada ao quadrúpede.

Usei esse exemplo para pensar o que eu dizia no começo. O século xx viu surgirem códigos de proteção aos animais e, hoje, uma cena de espancamento de um cachorro na rua pode causar indignação muito intensa. A antropomorfização dos animais é quase completa e visível ao longo da minha geração. Cães e gatos foram tornados filhos. Sua morte provoca luto familiar e até depressão.

Graciliano Ramos inovou muito ao fazer o conto "Baleia", que daria origem a *Vidas secas*. Imprimiu personalidade ao animal. Baleia parece mais matizada nos sentimentos do que os pais Fabiano e Vitória. As crianças nem têm um nome.

Há dois anos, eu dei um curso em São Paulo sobre a história da concepção de Deus. Dois jornalistas de um importante órgão de imprensa vieram fazê-lo. Perguntei, no intervalo, sobre a motivação. Eles disseram que havia sido feita uma pesquisa no jornal e foram identificados dois temas de máxima atenção do público. Com a pesquisa, os diretores enviaram jornalistas em missão de angariar conhecimentos a fim de que a empresa se afinasse com a vontade soberana dos leitores-clientes. Quais os temas? O primeiro era óbvio: Deus, o que explicava a presença no curso. O segundo? Animais de estimação. Não me recordo se a ordem era crescente ou decrescente de importância. Em todo caso, pensei em silêncio: a ideia bíblica de um Adão nomeando e submetendo a natureza ia dando lugar à divinização egípcia dos seres. O Gênesis recuava diante do Livro dos Mortos.

Tivemos um santo cachorro na Idade Média, São Guinefort. Os animais foram humanizados. Será que o próximo passo seria torná-los deuses? Há cemitérios para animais de estimação. Campos-santos guardam a vontade de homenagear com a esperança do reencontro. Há sempre uma promessa de alma quando sepultamos com reverência.

Estamos em maior sensibilidade em relação aos outros seres vivos ou diminuindo nossa crença no humano? Não sei. Só sinto que tenho saudades da Lucrécia e do Drop.

Presos em si

Estamos vivendo mais do que em qualquer outro período da história. Yuval Harari profetiza, no livro *Homo Deus*, homens centenários ou mais como regra. Nunca seremos imortais, mas estamos eliminando muitas causas para mortes precoces. Nos curtos anos do século XXI que já vivemos, a Medicina deu saltos extraordinários. Imaginemos o século diante de nós.

Meu médico e amigo dr. Jairo Hidal equivale as estatinas, remédios de controle do colesterol, a saltos do porte das vacinas e da penicilina. Ele afirmou tudo de forma mais técnica e com mais correção, e eu, na minha ignorância médica, captei dessa forma.

Estamos vivendo mais, bem mais. É dialético: temos novos problemas com doenças degenerativas associadas à idade. Crescem o Alzheimer e a demência. A perda da memória é um mal em expansão de uma humanidade mais longeva.

O cérebro é complexo e sua lógica parece estar distante da maior parte do corpo. Tivemos, no Sul, uma vizinha por mais de 50 anos. Próxima e afável, ela virou a "tia" Dulce e chegou a amadrinhar minha irmã. A relação, como costuma ocorrer no Brasil, envolveu um compadrio sólido que a tornou parte da família.

Por motivos ligados à diabete, ela foi internada em uma clínica. Em pouco tempo, o problema médico virou um declínio mental. Aquilo que vi ocorrer com minha avó sucedeu com a doce tia Dulce: o olho perdeu vida, como se nada visse. O "espelho da alma" parecia indicar que não havia mais alma ali. Foi impressionante a velocidade do processo. Havia um corpo, relativamente forte, porém a consciência parece ter dito adeus.

Não sei quais são as metamorfoses internas que ocorrem no cérebro. Como a máquina impressionante deixa de registrar o mundo, de interagir com ele e de transformar a consciência, seja lá o que reste dela, em uma prisioneira de si.

Tenho esse medo: estar plenamente consciente e não poder interagir ou atuar com o mundo, sem voz, sendo velado em vida, um corpo que respira e um coração que bate, mas uma cabeça que se fecha sobre si. Seria como um conde de Monte Cristo no Castelo de If, só que incapaz de fuga ou de conversas com os outros. Poderia existir prisão mais terrível?

O colapso do cérebro leva à discussão do que seja vida. Se vida é consciência, poderíamos praticar eutanásia com quem a perdeu? Os médicos podem detectar sinais de atividade cerebral e constatar a morte do cérebro, todavia tudo parece nebuloso quando se trata dele, continente vasto e complexo e parcialmente conhecido.

A vida é o corpo em si ou a atividade cerebral ou a combinação de ambos? A vida pertence ao indivíduo e ele pode estabelecer, em determinadas condições de prejuízo físico, pedir pelo fim dela? Seria humano atender ou seria humano recusar tal pedido? A vida seria, como querem muitos, um valor superior ao conforto ou à própria liberdade individual? São decisões complexas.

Filósofos estoicos chegaram a dizer que eu posso determinar o fim da minha vida. "Sê teu próprio libertador" era mote corrente. Gente marcada pelo estoicismo cometeu suicídio, como Sêneca.

Posso definir a atividade biológica como eixo da vida. Enquanto há vida, há esperança, diz axioma tradicional. Há muitos motivos bons para viver. Acima de tudo, existe a vontade de viver como algo definidor da luta. Mesmo um religioso, um santo, um papa como João Paulo II, após uma luta intensa contra a debilidade crescente e a doença de Parkinson, decidiu, segundo informou o próprio Vaticano, não ir novamente ao hospital para novos e invasivos tratamentos já sabidos como paliativos e inúteis. São João Paulo II jamais se mataria, no entanto decidiu não prolongar a vida de forma artificial por mais tempo.

Já vi todos os tipos de reação ao fim. Pessoas tranquilas, ansiosas, apavoradas e outras resignadas. A todos, eu analisei (a partir) do meu estado atual, em plena consciência cerebral e corpo sem danos estruturais. Que podemos entender do fim enquanto não for o nosso? Como julgar alguém devastado pela dor, incomodado pela dependência ou limitado pela memória?

Eu não tenho resposta para isso, pois seria como especular como eu vou me sentir após minha primeira viagem para fora da Via Láctea. Preciso aguardar pelo momento certo para estabelecer algo. Todavia, há coisas que eu sei. A dor da perda da consciência ou o drama do colapso físico pertence a uma subjetividade muito, mas muito, pessoal. A mim, cabe apenas algo: ajudar. A limitação de outro mais velho ou mais doente é um desafio complexo. Não consigo saber com certeza quais os padrões que determinam a vida. Não tenho conhecimento médico. Sei que a vida digna passa pela minha dedicação a quem sofre uma limitação. O direito ou a negativa de continuar vivendo é um tema complexo e cada um pode ter sua opinião. Essa opinião, com certeza, pode mudar na undécima hora.

Há algo que não depende de opinião sobre amparar quem está perto da morte: nossa responsabilidade. Se você se recusa, já cometeu suicídio moral. O corpo pode estar vivo, entretanto houve um Alzheimer ético. É terrível perder a liberdade com um declínio físico ou cerebral. É ainda mais terrível perder a dignidade humana com o pleno funcionamento do corpo e da consciência. Para a demência, espero, um dia encontrem cura. Para a indiferença, nunca existirá. Apenas me ocorre a sentença inexorável de uma vingança: você, um dia, estará lá.

Solidão real e virtual

O filme *Passageiros* (Morten Tyldum, 2016) não constará da lista das dez obras que mudaram o rumo do cinema mundial. Há, porém, uma ideia interessante: uma nave se dirige a um planeta muito distante e a jornada consumirá muitas décadas. Para que todos cheguem vivos e jovens, há um sistema de hibernação profunda. Por acidente, Jim (Chris Pratt) é despertado antes do tempo e descobre a complexa perspectiva de ficar sozinho até a morte, privado de companhia de carne e o osso. Ele deixa de fazer a barba, para de usar calças e desenvolve ideias exóticas. Há um momento em que esse novo Adão decide despertar uma Eva, Jennifer Lawrence. Chega de *spoiler*.

Interesso-me pelo humano solitário. Ainda no campo cinematográfico, quero lembrar Tom Hanks (*Náufrago*, 2000, Robert Zemeckis) conversando com a bola Wilson, esférico pastiche de um amigo. Anterior a todos, Robinson Crusoé tinha de encontrar medidas para não enlouquecer na obra de Daniel Defoe. Solidão é castigo ou bênção?

Não é bom que o homem esteja só, reflete Deus consigo ao planejar uma companheira para Adão. Curioso que todos os seres vivos foram criados aos pares, apenas o homem foi idealizado sozinho para, depois, em uma reengenharia, receber a fêmea da espécie. De alguma forma, a solidão do homem é o plano original, a companhia veio depois. Seguindo a leitura do Gênesis, todos os animais embarcam aos pares, apenas o humano tem o privilégio de levar família completa com filhos e noras. Que mudança! Nascemos sem par e, passadas algumas gerações, ganhamos o direito de passagens extras na Arca do Dilúvio.

No cinema, na literatura e na Bíblia temos muitos exemplos do jogo complexo entre o deleite-dor da solidão e o jogo ambíguo de inferno-paraíso da vida compartilhada.

Quando o mundo vem a você como um holofote coruscante, pode ocorrer uma queimadura precoce. Ausência de privacidade cobra seu preço. É o caso da sueca Greta Garbo, que se isolou por completo no apartamento de Nova York por tantos anos. Acabou consagrada pela frase que surgira antes do seu exílio voluntário: *I want to be alone*. Querer estar só, especialmente após episódios exaustivos de sociabilidade, é um sentimento muito forte.

Eis o jogo fatal: queremos estar sós. Solidão nos liberta e permite que andemos sem calças, deixemos a barba por fazer, ou, no caso de Garbo, sem testemunhas para nosso envelhecimento e declínio. Na solidão, sou eu mesmo, longe da cena, livre de roteiro, sem necessidade de fazer as coisas que agradam aos outros. Queremos estar sós. Não obstante, a solidão esvazia, angustia e estimula a depressão de muitos. Dialética do humano: querer e não querer o mundo com outras pessoas.

A solidão estimula a liberdade. Ninguém nos perturba ou nos cobra. Somos nós mesmos. Ao começar seu brilhante *Lavoura arcaica*, Raduan Nassar descreve o isolamento do quarto como um lugar inviolável, "é um mundo, quarto catedral". No caso da personagem, um lugar no qual sua afetiva e invasiva família estava longe.

Contardo Calligaris disse que a escola era um lugar para o jovem se resguardar um pouco e descansar da família. Concordo com ele. Também o quarto dos filhos deveria ser um espaço de solidão saudável. Para os adolescentes, o isolamento do quarto, quando ele é possível (a maioria da população jovem não possui quarto individual), é um escaninho protegido dedicado ao culto do eu, ao afastamento de outros e ao prazer individual.

O gosto adolescente pelo isolamento possui o mesmo caráter ambíguo dos adultos. Queremos estar a sós, de preferência com o celular, estabelecendo contato com todo mundo, menos com as pessoas reais da casa. Trata-se de uma sociabilidade controlada, com botão de on-off, permitindo que possamos entrar e sair das conversas com autonomia. Talvez não seja a solidão que nos cause horror, mas a falta de controle sobre estar só ou acompanhado. O celular respondeu de forma extraordinária a essa demanda, criando a companhia real-ficcional do mundo. Todo o sucesso do aparelho está no jogo de permitir palco e camarim ao mesmo tempo.

Nenhuma escrita sobre a solidão poderá ignorar o celular, a muleta suprema que criamos para ter o suficiente isolamento do mundo aliado ao contato com quem e quando desejarmos. Somos deuses com ele e decidimos que não é bom que estejamos sós e que, da mesma forma, é ótimo voltar a nossa concha confortável. Somos lobos de alcateia e com prazer de uivar solitários para a lua de quando em vez. Melhor, somos lobos com Instagram e WhatsApp.

Então parece que a chave de tudo não é solidão ou companhia, porém controle. Idealizamos praias isoladas para... poder encher a praia com pessoas do nosso círculo. A ideia de exclusividade é acompanhada de possibilidade de selecionar quem poderá povoar o espaço único.

Celular é nossa praia protegida por senha, que pode ser palmilhada por Robinson Crusoé isolado ou selecionar um Sexta-Feira disponível. A genialidade do aparelho e a base do seu sucesso é esse mecanismo: regulo quem me faz companhia, administro meu silêncio e posso reger quais imagens quero fazer para tornar real meu roteiro imagético para o público. Tudo está reunido em um único aparelho! Ah, se o prisioneiro da máscara de ferro da imaginação de Dumas tivesse tido a chance de fazer selfies, sua solidão teria sido tão menos cruel.

A solidão real é criativa e cheia de iluminações. Jesus esteve sozinho no deserto, perturbado ao final apenas pelo demônio. O Filho de Deus julgou essencial afastar-se do convívio social a fim de se preparar para sua missão trienal de pregação. O mesmo caminho seguiram dois outros grandes líderes: Buda e Maomé. Buda retirou-se sob uma figueira em busca da iluminação e o Profeta estava em uma caverna isolada quando foi visitado pelo arcanjo Gabriel. Jesus, Buda e Maomé julgaram que a solidão era uma forma de consciência, de comunicação consigo e de elevação da voz interior em detrimento do burburinho do mundo. Mesmo sendo pessoas de elevada estatura espiritual, decidiram que isolar-se era um cenário de aprendizado.

Aprendo em público, durante uma aula ou palestra. Porém, a palavra que ensina ou o exemplo que edifica devem cair no solo silencioso da minha consciência. Alguém abre a porta da consciência: meus passos serão solitários em direção a ela. O mestre/psicanalista/confessor pode indicar a bela chave, porém, a força do braço que empurra a porta é minha.

Desconfio de quem não consegue ficar sozinho. Tenho certeza de que há sabedoria em partilhar companhia e buscar o isolamento. Meu cérebro é um ioiô que vai e volta do mundo. Que momento mágico compartilhar uma boa refeição com quem se ama, conversando e percebendo outros mundos e consciências. Que epifania estar sentado aqui, nesta sala em Trancoso, observando falésias ao longe e escutando uma suave música de Brahms ao fundo. O ioiô seria bizarro se só desenrolasse ou se nunca saísse da sua situação inicial.

Quem eu sou derivou de dois momentos distintos e complementares. O primeiro é o esbarrar de fronteiras com os outros. Percebo meus valores ao contrapô-los com a alteridade humana. Os projetos de vida distintos aumentam minha consciência do que gosto ou não e questionam minhas escolhas. O outro é um desafio que me retira da minha centralidade arrogante e me obriga a negociar. Sem a presença alheia, eu seria um deus ridículo, fraco e vaidoso, tendente a identificar meu mundo com a totalidade do universo. O outro me salva de mim mesmo.

O outro é o primeiro momento, é meu inferno, como diz Sartre, porém meu passaporte para fugir da penumbra ínfera. O segundo momento é sair da algaravia do mundo e permitir silêncio e isolamento.

Isolamento não é estar sem outra pessoa enviando selfies a cada 4 segundos. Isso seria voto de castidade ao lado de boneca inflável. O celular é a boneca inflável da solidão. Quem precisa muito de um placebo deve avaliar o real diagnóstico da doença.

Sozinho encaro o espelho da Esfinge: "Decifra-me ou te devoro". O conhecimento de si é o maior inquietante da solidão. Vivi um retiro de 30 dias, os chamados Exercícios Espirituais de Santo Inácio, sem conversar com outra pessoa além do confessor. É uma experiência única. Boa no primeiro dia, inquietante ao final de uma semana e absolutamente transformadora ao final de um mês. Há vozes internas que só o silêncio prolongado consegue libertar. Recordo bem a sensação após quase 30 anos.

Lembrei-me de outra experiência, já homem maduro, isolado no interior do Butão em um hotel muito distante de tudo, quarto amplo, funcionários fluentes em línguas distintas daquelas nas quais eu poderia estabelecer comunicação. Retirado geográfica e linguisticamente, escrevi dezenas de páginas de um livro contemplando o sol nas escarpas do Himalaia. Era um Paraíso, porém quanto tempo mais eu suportaria naquele Éden?

Esse parece ser o desafio do jogo solidão-companhia. Casado ou namorando, eu suspirei pelo momento do isolamento no qual nem sempre precisaria descrever meu dia de trabalho, já tomado de contatos humanos. Sem relações fixas, encarei noites imaginando como seria bom estar bebendo junto ou dormir de conchinha. Convivi com seres humanos capazes de enfrentar melhor o desafio de dividir espaço e vida com outra pessoa. Também conheci aptos a isolamentos profundos sem o trepidar da sanidade.

Música, vinho, livros, celular, televisão e outros instrumentos funcionam como poderosas bengalas a amparar o andar claudicante da solidão. Há um estágio mais maduro: conseguir abrir mão da maioria das bengalas e imergir em si, tranquilo, em casa ou em uma viagem. Sair para jantar sozinho e fotografar o prato e comunicar a todos a cada instante que está lá é sinal claro de amadorismo no campo do isolamento.

Há um conselho repetido, com variáveis, em muitos autores, de Nietzsche a Irvin Yalom: evite as pessoas que te retiram da solidão sem oferecer, de fato, companhia.

Deus tinha razão: não é bom que o homem esteja só. Quando não estou com pessoas, estou comigo, a companhia mais complexa que cada um pode usufruir na vida. Também sei que a solidão a dois, empurrando a relação como a ninar criança defunta, é a segregação mais angustiante que pode existir. Esteja com você, esteja com a pessoa que você ama, esteja com a família, esteja com livros e com música: não é bom que o homem esteja só.

Da utilidade dos advogados

Um médico tem privilégios. Desde que o jovem anuncia sua inclinação à profissão, os familiares exultam e comemoram. A aprovação no curso de Medicina é celebrada como uma vitória de toda a estirpe.

Além da prova de fogo do vestibular, os médicos possuem outro apanágio único, que atingiu o xamã de uma aldeia remota no Neolítico até hoje. Era visível no médico-arquiteto Imhotep da primeira pirâmide do Egito. O dom esteve presente em Hipócrates de Cós e em sábios medievais, como Maimônides e Avicena. Que brilho seria esse? Quem lida com a saúde humana não precisa nunca explicar sua utilidade: ela é evidente por si mesma. A função médica é sempre tida como nobre e útil.

O prestígio dos esculápios é tamanho que muitos ignoram quão penosa é a formação do profissional da área. Seus cérebro e corpo serão testados no limite do possível, em noites insones e plantões intermináveis. Há um calvário entre a decisão do jovem e o dia do registro do CRM, que pode continuar mesmo depois disso.

O perfeito antípoda da decisão pela ciência médica ocorre com o jovem que, feliz, solta durante o almoço dominical: "Vou fazer Filosofia!". Desponta o luto e um crepúsculo melancólico dos sonhos avoengos. "Onde foi que nós erramos?", apela o pai para a desconsolada mãe. A função do filósofo é quase tão antiga quanto a do médico e é extraordinariamente importante. Mas, como uma feira livre, é importante desde que não seja na nossa rua. Em outra crônica, serei advogado da escolha pela área de Kant. Por enquanto, abandonemos a família desconsolada na sua dor.

Entre as duas escolhas, existe outra (entre dezenas): o Direito. Quem proclama querer ser advogado não recebe a mesma negativa dos candidatos ao saber filosófico, tampouco a mesma epifania dos futuros cirurgiões. Por quê? Vejamos.

A carreira do Direito é antiga no Brasil. Na Colônia, rebentos masculinos das elites latifundiárias e mineradoras iam para Coimbra e voltavam com diploma, latinório e prestígio. Exerciam pouco a função, mas lustravam o brasão escravocrata com as memórias da universidade lusitana. Desde 1827, por força de lei, e, na prática, desde o ano seguinte, os cursos de Direito do Largo de São Francisco e o de Olinda-Recife nacionalizaram a possibilidade. Logo, as elites agrárias e as crescentes elites urbanas foram bafejadas pelo Código de Justiniano e a hermenêutica da Constituição de 1824. Surgem estudantes pobres, como sabemos pela ação benemérita da Marquesa de Santos.

Os cursos de Direito, mais baratos do que os de Medicina, pipocaram pelo país incessantemente. Ouvi de um membro da OAB que somos o país com a maior quantidade de cursos jurídicos no mundo. O dado é muito revelador.

Há uma enorme vantagem. O formado em ciências jurídicas tem diante de si um leque vasto: pode advogar com escritório próprio, ser contratado por empresas, lecionar, seguir carreira diplomática, tornar-se delegado, vestir a toga da magistratura, tornar-se político (como Rui Barbosa) ou escritor (como Lygia Fagundes Telles) e infinitas outras possibilidades. Poucas carreiras abrem tantos campos como a do Direito. O canudo do Direito é um chafariz que emana uma água ampla e fluida.

Há uma curiosidade: não dominou no Brasil o tom pejorativo que existe na alta cultura europeia sobre advogados. Thomas Morus excluiu a categoria das funções desejáveis na sua ilha da Utopia. Shakespeare escreveu diatribes contra os protegidos de Santo Ivo. A pior de todas é quando Dick, um carniceiro da peça *Henrique VI – parte 2*, diz que: "A primeira coisa a se fazer é matar todos os advogados". Em outra passagem do bardo, Hamlet dialoga com a caveira de um jurista e diz coisas abomináveis sobre o defunto, como se querelantes jurídicos fossem sempre desonestos.

Por quê? O primeiro motivo parece ser uma injusta contaminação função-indivíduo: precisamos de um profissional do Direito para um divórcio, inventário decorrente de morte, uma briga, uma disputa ou na agonia do cárcere. O advogado acaba contaminado como o coveiro: sua função é útil, porém ligada ao desconforto ou à briga. "*See you in court*", frase tão americana, não é dita após experiência afetiva.

Há um ponto a desenvolver: os advogados defendem seus clientes. Desde a Grécia, quando os filósofos da escola sofista exerciam funções em pleitos legais, a fama se enraizou. Os sofistas não partilhavam da crença de uma Verdade com letra maiúscula, defendiam aquele que os contratasse. Para o cliente, usavam toda a retórica e verve possíveis. Assim, a própria palavra sofista foi sendo revestida de maledicência, desde Sócrates-Platão até hoje.

Ideia interessante: o êxito de um bom profissional do Direito é a defesa dos direitos do seu cliente. Para esse fim, ele deve usar de todos os recursos legais, de todas as interpretações possíveis, esgotar as medidas cabíveis para que seu cliente atinja seu objetivo, como o médico o faz com o doente. O contraditório é a base da justiça e o advogado deve explorá-lo a favor de uma pessoa, empresa ou causa. Talvez a questão esteja na confusão entre o que se considera justo ou correto (a Verdade) e aquilo que é lei e, portanto, passível de interpretação (uma verdade).

E possível dissociar justiça de um bom advogado ou da lei? É comum alguém insistir que a lei que protegeu determinada pessoa é injusta. Reclama-se da infinidade de recursos protelatórios que impedem a condenação definitiva de um odiado réu. Nesse caso, em vez de atacar legisladores ou juízes, desloca-se a raiva contra o advogado. A proteção dos direitos de alguém é central na própria ideia do Direito e o bom advogado luta com as ferramentas disponíveis, muitas no limite da ética.

É certo que existem os desonestos. Pela minha experiência de vida, registra-se uma ampla democracia na distribuição da falta de caráter entre as profissões, classes sociais e identidades étnicas e de gênero. Há canalhas pulverizados sobre todos os campos.

Há anos vi o filme *Filadélfia* (Jonathan Demme, 1993). Tom Hanks interpreta um advogado que acredita que o preconceito com o HIV tenha originado sua demissão. Em determinado momento, ele é questionado na Corte pelo motivo de ter seguido o Direito. Ele responde de forma comovente com uma ideia que pode ser usada para todas as profissões do planeta: o que ele mais amava na prática do Direito é que "vez por outra – nem sempre, mas ocasionalmente – você pode participar do ato de se fazer justiça. E é realmente emocionante quando isso ocorre". O mesmo pode ser dito para o professor quando, em sala de aula, consegue se encontrar com a mudança e o aprendizado.

Advogados devem nos ensinar a pensar as possibilidades de um texto legal. Eles devem debater a ideia de igualdade, de justiça, de direitos, de um Estado baseado no Direito e não no arbítrio. Na maioria das vezes, infelizmente nem sempre, advogados combatem o estado de exceção, a tortura e a violação da dignidade humana. Com zelo, eles tratam da libertação do indivíduo de uma prisão arbitrária ou a equidade na distribuição de um benefício.

Não idealizo funções, nem sequer a minha. Sei da humanidade imersa no egoísmo e na violência. Exatamente por isso, tenho esperança em bons advogados que, a cada geração, entendam o desiderato que fez nascer a vontade de uma justiça que escapasse da vendeta privada ou do simples direito do mais forte.

Hamlet, como vimos, não confiava em rábulas. Ele era um príncipe com direito adquirido pelo sangue e, curiosamente, parte do Estado dinamarquês. Historicamente, o Estado gosta pouco de advogados, especialmente os autônomos e com princípios. Hamlet iniciou uma trajetória de vingança privada que levou à morte de seu tio, sua mãe, sua namorada, seu quase cunhado, seus dois ambíguos amigos e seu futuro sogro. Por fim, pereceu o próprio querelante ao optar pela justiça tribal imersa em sua subjetividade egoísta.

Vamos soltar a imaginação. Hamlet desconfia do assassinato do pai. O argumento do fantasma é pouco sólido para tribunais, mesmo aos nevoentos ao redor de Copenhague. Ele poderia começar contratando um bom especialista em Direito consuetudinário (afinal, a imaginação do autor é inglesa) e lembrar que, na Inglaterra e na Dinamarca, o herdeiro da coroa seria ele, Hamlet, não o tio. O trono é preferencialmente masculino, linear e direto e só vai para ramos laterais em caso de impedimento do titular. Poderia ter impetrado mandados (para usar linguagem contemporânea), cooptado Cortes elevadas com apoio da "vontade geral" da tradição iluminista posterior. Caberia a um bom conselheiro jurídico lembrar que Cláudio estava impedido de decidir sobre a sucessão, pois era parte beneficiada. Em suma: Hamlet poderia ter lutado juridicamente de forma aberta e clara e, pelo que sabemos da peça, tinha o povo e muitos juristas fiéis a seu pai ao seu lado.

Teria Hamlet sucesso? Não temos como saber. Sabemos apenas o que ele utilizou: o caminho alternativo da vingança pessoal que acabou punindo inocentes e não restaurou a justiça no reino. No afã de vingar o pai sem usar a lei e o Direito, ele abriu caminho para uma invasão estrangeira e afastou a linhagem do rei legítimo. Sua solução foi muito pior do que qualquer outra. A guerra privada do melancólico príncipe destruiu todo o sistema de poder, eliminou o núcleo da corte e ainda causou o fim da soberania dos governantes de Elsinore. Qual o erro fundamental da personagem? Não ser aconselhado por um bom advogado e não confiar nas leis como elemento restaurador da ordem. Ao fazer justiça pelas próprias mãos e exercer a *lex talionis* de forma radical, cometeu desastres ainda mais vastos. Uma tia sábia teria dito: "Cláudio é velho e Gertrudes não pode mais gerar filhos, aguarde um pouquinho". Um advogado teria mostrado o direito dinamarquês e sugerido ações concretas, conselhos práticos. Ambos poderiam ter razão.

Em resumo, talvez ainda tenhamos dúvidas sobre a utilidade moral e prática de um advogado. Porém, o caso de Hamlet (ou o de Antígona, que também não usou um) é exemplar. Entregue a si, a sociedade é mais destrutiva do que a fúria dos tribunais. Advogados acabam atraindo um pouco do horror que temos diante da injustiça do mundo. Ao entrarem no poço lamacento dos atritos dos filhos de Prometeu, advogados são associados à maldade que, incapazes de observar em nós, transferimos para os outros. Bons advogados separam nosso mundo da barbárie. Dedico esta crônica a um advogado honesto e amoroso, meu pai, doutor Renato Karnal, devoto de Santo Ivo.

A alta cultura, a média, a baixa e a nossa

Em 1936, o livro *Como fazer amigos e influenciar pessoas* chegou ao mercado e, desde então continua aconselhando multidões. Não foi o primeiro texto de "autoajuda", obviamente, porém é um marco fundacional. Dale Carnegie (1888-1955) enriqueceu.

As pessoas que puderam ler o trabalho sabem que é fácil entender o motivo do sucesso. Lançado no momento em que a pior fase da depressão econômica estava começando a ser superada, a obra afirma uma inabalável crença na ação do indivíduo como gestor da sua felicidade. Herança de livros e tendências do período vitoriano pertence a um ciclo que envolve o capitalismo em si e a ideia de empreendedor. Era uma nova fase da sociedade ocidental urbana que tentava integrar a felicidade pessoal ao ideal de êxito financeiro.

Os conselhos de Carnegie são incontestáveis. Não é um livro de mentiras. Se você guardar o nome de uma pessoa, repetir com clareza, olhar nos olhos, sorrir ao apertar a mão e manifestar-se interessado genuinamente nela, é evidente que os laços estarão mais fortalecidos e a primeira impressão será mais positiva. O ensinamento é prático e bom.

O mercado só cresceu desde então. O "marketing pessoal" foi ficando sofisticado. O dono de fábrica do século XIX, ressentido e ranheta, estava ultrapassado. O século XX era o século da imagem pública, da propaganda pessoal, da teatralização gestual e afetiva e do controle de si como forma de *networking*. Marx profetizara que tudo viraria mercadoria e tinha razão. Somos nossa mais preciosa mercadoria. O Facebook é filho espiritual de Carnegie.

Fiz parte da imensa legião de detratores do ramo. Afirmei que a palavra *autoajuda* existe porque quem escreve ajuda a si. Acusei de rasos os conselhos e de lineares as perspectivas. Torci o nariz. Algumas coisas mudaram na minha percepção nos últimos anos. Continuo desconfiado de fórmulas únicas, porém suponho, hoje, que havia muito da crítica de um ciclista profissional à necessidade de rodinhas laterais de apoio na bicicleta do iniciante. Sempre existe algo de arrogante nos julgamentos das obras gerais ou de divulgação.

Dei um curso sobre textos de autoajuda e tive oportunidade de ler muitos. Fiz a experiência com alunos de trazer excertos de grandes filósofos com conselhos práticos e bons como Montaigne e Pascal, sem mencionar os autores, e depois misturava com trechos da Bíblia e de autores que estavam entre os mais vendidos do setor. Ao final, como era óbvio supor, a maioria dos alunos tinha dificuldade enorme em distinguir a origem dos textos. As fronteiras ficavam mais diluídas.

O que eu tratei até aqui poderia ser idêntico se eu comparasse o esforço de um grande maestro clássico contemporâneo que persegue sutilezas dodecafônicas-atonais-minimalistas com o celebérrimo André Rieu. Aqui, creio, teremos dois tipos de leitores desta coluna. Um dirá: que coisa é essa de dodecafonismo? Outro, pelo contrário, lançará a dúvida: quem é esse André Rieu?

Rieu tem formação musical sólida, ao que parece. Ele decidiu divulgar a música clássica. Para seus shows, seleciona trechos de grande apelo, como uma valsa romântica vienense ou um pungente arioso do barroco, uma ária emotiva ou um tonitruante coral da *Nona* de Beethoven. O efeito é completado com roupas bonitas, arranjos específicos e luzes. Ele oferece a música de apelo amplo, melodiosa, sem necessidade de bula. Seria Rieu a autoajuda das orquestras?

Nos casos que estamos exemplificando existiriam dois grupos opostos? Aquele círculo seleto e bem-formado, capaz de trabalhar a ausência de tensão narrativa na *Odisseia* de Homero em comparação ao trecho do Gênesis do sacrifício de Isaac, guiado pelas mãos geniais de Auerbach? Esse grupo seria o que se oporia perfeitamente a um romance de Paulo Coelho ou a um livro de Dan Brown? Seriam antípodas ou, como querem alguns, apenas atenderiam mercados muito específicos e não se negariam? Em outras palavras, quem se deleita com *A cabana* (William Young) não atrapalharia aquele que se dedica a *Jerusalém libertada* (Torquato Tasso). Quem vê um filme de iluminação penumbrosa, gestos reduzidos e diálogos longos não retiraria público daquele filme *blockbuster* de explosões em série. Estariam próximos os fãs de *Velozes e furiosos* dos de *Aguirre, a cólera dos deuses*?

Inicialmente, a questão parece estar colocada em polos: superficialidade *vs.* densidade; produto açucarado *vs.* produto desafiador; entretenimento *vs.* questionamento; passatempo *vs.* crescimento; massas *vs.* ciclo de iniciados; caça-níqueis *vs.* arte elevada; kitsch *vs.* refinado e assim por diante. Será mesmo? As questões implicam mais atenção. Deixo a provocação: sua cultura é alta, média, baixa ou é apenas a sua? Afinal, o que seria cultura? Quem poderia elaborar seu julgamento e sua métrica?

Vamos aprofundar. A Filosofia nasceu perguntando coisas muito práticas como, por exemplo, do que era feito o universo. Posteriormente, Sócrates, a grande personagem de Platão, não se refugiou em uma biblioteca com eruditos, mas conversou com pessoas simples e, por meio de perguntas, despertou as contradições que possibilitavam reposicionamento das ideias dos interlocutores sobre, por exemplo, o que era coragem.

Na Idade Média, a Filosofia limitou-se a poucos centros religiosos e universitários. O analfabetismo quase absoluto restringiu debates. Qual servo da gleba entenderia algo do argumento ontológico de Santo Anselmo? Quantos debateram nas praças a querela dos universais? Poucos, com certeza.

Na Idade Moderna, houve vários tipos de filósofos. Alguns apresentam estilo um pouco mais acessível, como Maquiavel e Montaigne. Outros, como Descartes e Spinoza, usam linguagem e raciocínio um pouco mais técnicos. Os iluministas tinham um sentido de missão que os aproximava da vontade jornalística. Ao usarem romances, Voltaire e Diderot seguiram uma tendência que já aparecera na peça *A mandrágora*, de Maquiavel, e que seria presente também na obra *A náusea*, de Sartre: a literatura era uma forma de veículo. Não é necessário ser um filósofo profissional para ler o *Cândido*, de

Voltaire, mas ali está uma crítica ao raciocínio de Leibniz na forma atrativa da ficção.

O mundo contemporâneo é, majoritariamente, o mundo dos filósofos universitários. A obra de Kant como a *Crítica da razão pura* é um tratado denso, cheio de termos técnicos e com um raciocínio vedado aos de fora. Hegel está no mesmo campo. Tive um professor que dizia que, quando Hegel começou a escrever *Fenomenologia do espírito* (o livro que levei mais tempo para ler e entender...), só ele e Deus sabiam o que ele queria dizer. Quando Hegel terminou, só ele sabia o significado.

O caminho não é linear. Filósofos continuaram fazendo peças de divulgação como a célebre palestra de Sartre "O Existencialismo é um Humanismo". Emerson, nos EUA, era quase um missionário percorrendo lugares para falar de Filosofia. Porém, a norma da Filosofia universitária é o texto de um Heidegger ou de um Adorno. Em muitos sentidos, a Filosofia se fechou para o grande público.

Eu estava na França quando começou o movimento de "Um café para Sócrates". Era uma tentativa de resgatar algo na chamada maiêutica socrática. Sem formalismos, um professor debatia com donas de casa, trabalhadores e estudantes. Nada de termos como epistemologia, heurística ou apodítico. Era uma conversa simples, ainda que não simplória ou banal.

Luc Ferry e seus livros são uma tentativa de fazer essa ponte. Ao falar de felicidade e vida familiar, muita gente torce o nariz para sua obra. Descobri, ao ler a obra do ex-ministro francês, que os críticos deixavam escapar sua vontade elitista. As grandes ideias não são para as massas. Havia mais demofobia do que oposição a um modelo.

Pensei em três caminhos. Um é o do conhecimento filosófico em meio estritamente universitário. Esse é produzido por e para especialistas. Busca (ou ao menos deveria buscar) expandir os limites do conhecimento, da natureza do que é conhecer e de como conhecemos as coisas. Mesmo que não compreendamos esse conhecimento, é inegável que o mundo precisa cada vez mais de Matemática, Física e Filosofia. Eu posso não entender um acelerador de partículas, mas quem o entende tira dele o futuro do cognoscível. O mesmo para quem lê Giorgio Agamben ou Paul Ricouer.

Um segundo caminho, que vejo como igualmente necessário, é o do construtor de pontes. Esse busca o limite do conhecimento filosófico e tenta, ao mesmo tempo, levar tal conhecimento para quem está abaixo da torre de marfim. Tais arautos levam algumas pedradas por simplificarem e muitas bordoadas se fizerem sucesso.

A terceira via é a chamada autoajuda (conceito *portemanteau*) e seus conhecimentos práticos para uma vida mais feliz. Esse sempre será um filão de sucesso editorial, mercadológico. As pessoas querem ser felizes, seja tomando um remédio ou lendo um guia de como fazê-lo. Não nos enganemos, a Filosofia também tem seu quinhão de autoajuda. Todo filósofo quer entender melhor como viver bem. Mas isso não significa perseguir a felicidade, o sucesso na carreira ou em ser popular a todo custo. A Filosofia, muitas vezes, mostra-nos como nossa vida pode ser tirânica, despótica, desequilibrada, violenta. Como provocamos dor e buscamos sofrimento. Às vezes, esse espelho do narciso moderno é o oposto do que gostaríamos de ver. Por isso, a autoajuda faz mais sucesso.

Ela não lhe mostrará o quadro de Dorian Gray. Se o fizer, será retórico. Se não for retórico, se o obrigar a pensar, de fato, a ficar em situação incômoda e, portanto, buscar novas bases, sempre provisórias, sobre onde deitar algumas raízes, deixou de ser autoajuda e passou a ser Filosofia.

Quando algo termina?

Existe uma curiosa característica do calendário. Quando o ano está prestes a terminar, tente marcar qualquer coisa, um jantar, e ouvirá de todos: "Vamos deixar para o ano que vem...". Fiz a experiência com um amigo particularmente indiferente às lides natalinas ou domésticas. "Vamos jantar?" "Não posso, estamos no fim de ano, você sabe." "Não sei... você vai cozinhar, terá muitas compras, tem tarefas pendentes?" "Não, mas você sabe, fim de ano..." Não, definitivamente não sei.

Os romanos pensavam no deus Janus, com duas faces, cada uma olhando em direção oposta. Era uma entidade de início e fim, bipolar, zona de uma fronteira nebulosa entre a tarefa encerrada e a nova ainda não encetada. Parece que Janus já nos domina. Muito tarde para fazer qualquer coisa, muito cedo para iniciar as novas. Bem-vindos à zona cinza da transição.

Em parte, a algaravia estressante do fim de dezembro tem sentido. Distingamos matizes. Existem pessoas ocupadas e pessoas que se ocupam. Conheci alguém que parecia saído do romance *Um grande garoto*, de Nick Hornby, pois se estafava a cada sábado: "Tenho de ver dois filmes hoje e ainda visitar uma amiga". Uma aristocrata paulistana disse-me, certa feita: "Professor, hoje eu tenho massagem, a sua aula e ainda um chá no fim da tarde". Que dia, pensei, que luta! Havia certa inveja na minha frase, ou melhor, uma cobiça por aquela agenda. Há muitas pessoas que se ocupam e gostam de se imaginar preenchidas por atividades com as quais ou sem as quais o mundo fica tal qual está. Mas o mundo da nobreza no *dolce far niente* que considerava o ócio uma arte sem culpa é um conceito em crise. Hoje em dia, mesmo as pessoas mais livres de tarefas fixas precisam falar dos seus muitos compromissos e atribuições. A confissão do ócio aristocrático recebe críticas, a prática nem tanto.

Há pessoas realmente atarefadas. São aquelas que, se não cumprirem suas funções, colocam em risco seu sustento e o de muitas pessoas. Mesmo entre essas, existe uma ênfase na descrição do dia tomado porque estar sobrecarregado de trabalho soa bem.

Talvez a azáfama de fim de ano seja um teatro. Quem sabe seja porque nossa energia tenha acabado lá por outubro e não queremos mais um encontro social com amigo-secreto, mais um *happy hour* e mais uma "festa da firma". Acho que a proximidade do novo ano provoca uma cortina de fumaça sobre o que não queremos mais fazer. Podemos sempre dizer: vamos tentar no ano que vem, e, depois, adiamos para depois do Carnaval, ou quando tiver passado o imposto de renda ou depois das férias de julho ou... Nunca, pois já estaremos perto do ano seguinte. Volta o moto-perpétuo: quando estivermos perto de 2030, será melhor marcar para 2031, depois do Carnaval...

Temos essa ansiedade de calendário. Uma aluna perguntou-me se haveria aula em uma quarta-feira da Semana Santa. Falei que sim, que era dia útil. Ela invocou a Semana Santa. Eu lembrei que o feriado era na Sexta-feira da Paixão e que nada havia na Bíblia registrado sobre o que Jesus teria feito na quarta-feira. Em outra ocasião, um aluno protestara: "Prova na sexta? Mas depois é Carnaval!". Bem, o feriado de Carnaval é terça-feira da outra semana. Por que o antecipariamos em tantos dias? No ensino médio, reclamavam se eu começasse alguma matéria nova faltando 15 minutos para o fim. As mochilas já estavam sobre as carteiras, tudo fechado e preparado para os cem metros rasos que separavam o fim da aula da rua e da consequente felicidade.

Talvez entre alunos esteja a fórmula do que ocorre com todos nós. Não queremos mais estar aqui, queremos estar no próximo ano. O problema é estar sempre no momento seguinte. Como contou meu amigo Clóvis de Barros Filho em palestra, no ensino fundamental queremos o médio e, chegando a ele, a faculdade. Alcançando o superior, anelamos pelo estágio e, durante sua vigência, torcemos pela efetivação. Terminado o ciclo de uma vida de trabalho, suspiramos (ou suspirávamos) pela aposentadoria, porque, como em todas as etapas anteriores, a felicidade estaria sempre à frente. Por fim, aposentados, fraquejando sinais vitais e já à beira da morte, vem o padre e diz: "Não se preocupe, ó meu filho, o bom mesmo vem agora!".

Parece ser sábio estar no momento em que se está. O problema da antecipação é que, quando ela chega, uma parte da minha vida também foi escoada na ampulheta. *Panta rei*, dizia Heráclito. Tudo flui e, ao final, eu também passo. O fluxo incessante do rio me inclui, sou parte da água que nunca volta. A ansiedade por alguma data festiva é boa. Com sorte, o evento chegará. A festa de Natal, o Ano-Novo, o Carnaval, meu aniversário: tudo pode chegar. O custo? Quando tiver chegado o momento, terei dias ou meses a menos para viver. O ano ainda não terminou. Sua vida está aqui. O presente é o momento fabuloso no qual eu posso fazer alguma coisa. Talvez valha aceitar o convite de jantar com um bom amigo ainda este ano.

PARTE SEIS
A fé dos religiosos e dos ateus

O livro dos livros

Setembro é o mês da Bíblia, segundo uma tradição recente do catolicismo iniciada em Minas Gerais. É uma homenagem ao santo que encerra o mês e traduziu a Bíblia para o latim: São Jerônimo.

A coleção de escritos chamada Bíblia é, de longe, o texto mais influente da História ocidental. A importância não depende de fé. As ideias, os enredos, os sistemas de pensamento e as personagens do Antigo e do Novo Testamentos constituem embasamento amplo para quase tudo que emergiu nessa parte do globo nos últimos séculos.

Ah, mas eu não acredito em Deus... A força da Bíblia dialoga, mas não depende da fé. Exemplo: um ateu militante, José Saramago, dialogou com o texto sagrado muitas vezes, como em *Caim* e *O Evangelho segundo Jesus Cristo*, apenas para citar dois livros. Ambos têm enredos e formas constitutivas só compreensíveis à luz do Gênesis ou dos Evangelhos. O filósofo Nietzsche, não exatamente um religioso devoto, foi um grande conhecedor do Novo Testamento. Outro homem não inclinado a muito incenso, Machado de Assis cita os textos sacros e constrói enredos como *Esaú e Jacó* a partir deles.

Se a Bíblia foi forte entre ateus, anticlericais ou céticos, imagine-se entre pessoas religiosas. Sem Bíblia não haveria Dante e sua *Divina comédia*, Milton e seu *Paraíso perdido*, Gil Vicente e seus autos e Vieira e seus sermões. Sem Bíblia, Michelangelo não teria esculpido suas *pietás* ou pintado a capela Sistina. Parte da música ocidental nasce do hábito de musicar salmos. A Bíblia embasa o spiritual e o soul e, como tal, dialoga com o jazz do século xx. Os exemplos são infinitos. Nosso mundo assumiu a forma que tem por influência direta do livro dos livros.

De Agostinho a Pascal, como faríamos uma história da Filosofia que ignorasse o peso da tradição religiosa? Christopher Hill estudou mais: como a Bíblia constituiu a base de movimentos revolucionários como o Puritano, na Inglaterra do século xvii (*A Bíblia inglesa e as revoluções do século xvii*, 1993). A propósito: Hill era marxista convicto.

A Bíblia serviu para fomentar a caça às bruxas, para fundamentar a Inquisição, para aumentar a caridade e para movimentos feministas contemporâneos que buscam nela a chave para desvendar a opressão sobre o feminino. Existe misoginia bíblica e violência bíblica. Da mesma forma, existem movimentos de contestação a toda opressão a partir de leituras bíblicas.

A Bíblia respaldou toda a pretensão metafísica e teocrática da Igreja e serviu também para que Lutero fizesse seu ataque ao poder do papa. Da Bíblia saem normas precisas para constituir uma alimentação *kosher*, ou seja, de acordo com os preceitos divinos, separando coisas puras de impuras. Da mesma Bíblia sai a famosa visão de Pedro que proíbe chamar de impuro o que Deus criou (At 10,15).

Aberta, a Bíblia estende um manto intenso e contraditório, mas inequivocamente rico, de questões sobre nossas práticas e concepções.

Apesar de ter fragmentos mais antigos, foi no exílio da Babilônia que se redigiu grande parte da tradição do Antigo Testamento. A elite exilada dos judeus temia perder sua identidade e realizou o gesto épico de reunir as diversas versões orais num único texto. A tradução para o grego (*Koiné*) na Alexandria helenizada acrescentou mais livros e reformou outros já escritos. O Novo Testamento foi inaugurado com as cartas de Paulo, depois o evangelho de Marcos e os demais textos, em grego, e ambientados no mundo do Mediterrâneo Oriental. O estudo do texto bíblico e suas fontes diversas (fonte javista, eloísta, sacerdotal, fonte Q etc.) está na base da interpretação de textos (hermenêutica) que é uma das grandes ferramentas da Filosofia e do Direito. O debate sobre interpretação literal ou alegórica anima torcidas há séculos.

Você está citando Gênesis quando acende um fósforo Fiat Lux e vendo o Apocalipse quando assiste a uma ficção científica sobre o Armagedon. A Bíblia está na alta cultura, na popular e em lugares inusitados. "O Senhor é meu Pastor, nada me faltará" está entre aquelas frases que já não precisam mais da fonte: viraram bordões universais. Chico Buarque e Gilberto Gil citam Mateus e pedem que o Pai afaste o cálice.

Para encarar tanta influência é preciso, no mínimo, uma paciência de Jó. Poderíamos também ostentar sabedoria salomônica, longevidade de Matusalém, vida desregrada de Jezebel, estar arrependidos como Madalena, brancos como Lázaro ressurrecto, suar sangue no Horto das Oliveiras ou ter a força de Sansão: tudo continuaria saindo da canastra inesgotável da Bíblia.

Os últimos livros do Novo Testamento foram concluídos no final do século I da nossa era e com ajustes no século II. *Grosso modo*, a Bíblia está pronta há cerca de 1.800 anos na sua versão cristã, contendo mais ou menos livros de acordo com quem montou o cânone. Para o Antigo Testamento e suas várias versões, as datas retrocedem mais alguns séculos. A Bíblia, com 25 séculos de debates, continua presente na mídia, na literatura, nos grupos de WhatsApp. É uma senhora ativa e forte, capaz de despertar paixões contraditórias.

Não é possível entender o mundo sem ter lido a Bíblia.

Desgostos de agosto

Fui à Bariloche. Tenho em comum com a princesa Elsa de *Frozen* (Chris Buck e Jennifer Lee, 2013) o fato de que o frio não me incomoda. Minha única crítica à estação é que moradores de rua sofrem no inverno, assim como idosos padecem com problemas de saúde agravados. Minha mãe dizia a cada fim de agosto que, se ela ainda não fizera a passagem, era sinal de que chegaria até o ano seguinte. A profecia não se cumpriu.

A tradição assegura que se trata de mês aziago, de mau agouro. Expressão muito romana, é um período nefasto. Poucas pessoas casam em agosto. É o mês do cachorro louco, dizem! Não sei se existe algum estudo que aproxime a hidrofobia animal do mês em curso. Tenho uma hipótese: sendo um mês de calor e luz na maior parte do Hemisfério Norte, mais gente está na rua até tarde e fazendo passeios por parques e bosques, aumentando a chance de encontrar cães perdidos e/ou raivosos. Plínio, o Velho, em sua *História natural* (Plin. Nat. 2.40), afirma ser indubitável que quando a "estrela-cão" Sírius ascende, no verão do Hemisfério Norte, os cães ficam mais rábicos.

Há uma retórica mágica nas rimas de agosto/desgosto. É o mesmo motivo para Santa Luzia, tradicional protetora dos olhos, também ser usada para curar acidez estomacal pelo eco dos termos Luzia-azia.

Brasileiros gostam de lembrar de tragédias como o suicídio de Vargas ou a renúncia de Jânio, todas ocorridas em agosto. Podemos acrescentar a erupção do Vesúvio sobre Herculano, Pompeia e Stabia, provavelmente em agosto do ano de 79.

Trata-se de pensamento mágico. Primeiro, o suicídio de Vargas é uma tragédia para sua família e seus correligionários. O potiguar Café Filho, que sonhara a vida inteira com o cargo de presidente, conseguiu, ao custo de um tiro no Catete, viver os meses de glória aos quais aspirara. Será que Café Filho consideraria azarada a data de 24 de agosto? Em público sim, privadamente somos sempre um pouco distintos. A renúncia de Jânio foi muito sentida em virtude da crise que se seguiu, não exatamente pela figura do sul-mato-grossense da vassoura purificadora.

Todos os fatos são ambíguos: sem a trágica erupção, o turismo da região ao sul de Nápoles perderia muito e pouco saberíamos da vida cotidiana romana. Para lojas de souvenires das encostas do vulcão, foi uma sorte extrema a tragédia.

O fechamento da nossa primeira Assembleia Constituinte foi em novembro de 1823, mesmo mês do assassinato de Kennedy, em 1963. A morte de Tancredo Neves foi em abril de 1985. O ataque às Torres Gêmeas de Nova York foi em setembro de 2001. Realmente, em agosto, duas bombas atômicas caíram no Japão. Fatos variados ocorrem em meses variados. Agosto não tem primazia.

Para os amantes de ostras na Europa e EUA, é um mês sem R, ou seja, fase na qual não se pode consumi-las sem um risco alto de intoxicação. Meses quentes do Hemisfério Norte anglófono e francófono (*may, june, july, august/mai, juin, juillet, août*) não apresentam R no nome, facilitando o conselho sanitário. Para as ostras, talvez, agosto seja um mês de sorte.

Tantos detalhes menores para chegar a algo importante: não existe sorte, azar, mês aziago, número positivo ou cor favorável ao destino. Como lembrava Sartre, os sinais estão pelo mundo e quem os interpreta são os homens, que constroem significados a partir do aleatório. O pensamento mágico é uma forma expressiva para conhecer a espécie humana. Porém, forçoso dizer, na prática, tão útil como cruzar os dedos em caso de o avião arremeter. A posição do dedo médio e do indicador não tem efeito verificável sobre a força da gravidade ou a habilidade do piloto. Fazer uma figa, por exemplo, pode acalmar o passageiro tenso e transferir o foco da sua concentração do esfíncter que periclita para a mão com efeitos colaterais menos danosos.

Por falar em aviões, ao entrar em um na semana passada, quase atropelei uma gentil senhora que estava num ritmo rápido quando, de repente, parou para trocar o pé e, como me confessou depois, entrar com o direito no avião. Sem me advertir previamente e sendo eu um *panzer* expresso em aeroportos, ela quase entrou com o pé correto, mas quebrados ambos com nosso impacto.

Eu sei. A força tribal da magia é anterior à lógica formal. Eu já terei virado um punhado de átomos dispersos e a magia ainda será forte no mundo. A vitória final é sempre do pajé, nunca do infectologista. A magia informal e a pseudociência (a que mais me irrita) ainda têm longa trajetória a sua frente. O totem sobrepuja o tabu. Porém, de forma antipática, reconheço, toda vez que esbarro em alguém preocupado com o pé direito ou esquerdo no avião, penso: esses mesmos pés levam aquele ser à urna eleitoral.

A cabeça do ateu

Acho estranha a palavra *ateu*. Ela deriva do grego e significa a negação de Deus ("*a*" significa negação e "*theos*", deus). Como toda definição, ela fala mais dos valores da pessoa que a utiliza do que sobre o alvo do termo. Seria como definir a mim, Leandro, como não asiático ou não peixe. Conhecer pela negação é problemático.

A concepção de Deus responde a quase tudo. As perguntas encontram respostas para o crente: origem das coisas, sentido da vida, moral etc. Deus é a hipertrofia da racionalidade, porque tudo se torna lógico com Ele. Mesmo não construindo um campo empírico irrefutável, o religioso pode responder a quaisquer desafios. O crente sabe sobre a origem das coisas (teogonia) e questões do bem e do mal (teodiceia). No campo religioso, há resposta para uma inocente criança natimorta e para um vilão nonagenário atuante. Uma mulher extraordinária como dona Zilda Arns morre em um terremoto? Há explicação. Um político corrupto recupera-se de um câncer? Também encontramos na fé a elucidação do enigma ou o reconhecimento de caminhos insondáveis para mim e acessíveis ao Ser Supremo.

Um ateu tem menos respostas do que um religioso. Porém, ao eliminar a hipótese Deus, ele comete mais do que uma restrição metodológica. A voz que nega a existência de divindade(s) é lida como negadora de todo o fundamento moral e social. O edifício social cimenta-se com crenças e Deus é o fiador do sistema.

Protágoras de Abdera, famoso filósofo grego clássico, sofreu um processo em plena guerra do Peloponeso. Seu tratado *Sobre os deuses* afirma que "não posso saber se existem ou não". A dúvida de Protágoras nasce de duas posições. A primeira é sofista: relativização das verdades absolutas. A segunda é seu antropocentrismo radical: o homem é a medida de todas as coisas. O ceticismo de Protágoras é muito mais agnóstico do que ateu. Ele duvida se podemos saber algo sobre os deuses, não exatamente nega a existência deles.

As ideias de Protágoras não eram uma novidade na Atenas do quinto século antes da era cristã. A novidade é a perseguição: seus livros foram queimados e ele foi expulso da cidade. O Estado começava a alcançar quem duvidava dos deuses oficiais. Similar e contemporâneo foi o processo contra Anaxágoras de Clazômena (foi professor de Péricles), que buscava causas naturais para os fenômenos como terremotos e raios. Não sabemos ao certo se ele foi morto, preso ou exilado. A democrática cidade-Estado se abalava com ideias de agnosticismo ou ateísmo. O grande Sócrates viveria também a acusação de impiedade.

A vitória do cristianismo na Europa Ocidental fez um refluxo do ateísmo ou do seu registro. Multiplicam-se anticlericais ao longo do milênio seguinte, escasseiam ateus e agnósticos. Muita gente não gosta de padres, freiras ou da instituição Igreja. Poucos, quase ninguém, duvidam da existência de Deus. Na verdade a acusação de hereges é sempre que a instituição da Igreja Católica não corresponde ao verdadeiro propósito divino. A heresia, como a dos cátaros ou valdenses, quase sempre é um reforço da crença em Deus e acusação contra o abandono do divino pelo papado ou seus representantes.

Lucien Febvre, em uma obra clássica sobre a descrença e a obra de Rabelais, afirmava que era quase impossível existir um ateu até o Renascimento, porque não havia nem palavras ou estruturas mentais para comportar a negação de Deus. Anos depois, essa tese caiu por terra, mas ainda é certo dizer que o ateísmo rareou muito até o século XVI.

Com o avançar da modernidade, emergem pensamentos claramente ateus, como o Barão D'Holbach e, posteriormente, o filósofo Ludwig Feuerbach. No sentido como o entendemos, o ateísmo é derivado do Iluminismo e do materialismo do século XIX.

Já abordei outras vezes o que pode levar alguém ao ateísmo, caso tenha crescido crente. Existem muitos tipos de ateus. Um abunda entre jovens: o negador de Deus que faz da ideia uma cruzada contra pais (religiosos) e instituições. O ataque é uma plataforma contra a autoridade. Há o ateu que questiona o mal. Assim como a origem do universo é um argumento forte para religiosos, a presença do mal em um mundo no qual tudo foi criado por Deus e nada existe sem seu consentimento é um bom ponto para céticos da já citada Teodiceia. Partem do argumento do filósofo Epicuro: "Quer impedir o mal, mas não é capaz? Então ele é impotente. Ele é capaz, mas não está disposto? Então, ele é malévolo. Ele é capaz e disposto? Donde vem então o mal?".

Há ateus da revolta. São os que pediram com intensidade pela cura de um filho, pelo fim de um problema grave e não alcançaram a graça. É uma revolta vingativa: Deus não me atendeu e eu me vingo dizendo que ele não existe.

O tipo mais complicado de ateu é o catequista, aquele que herdou o pior das religiões e fica agressivo pregando sua fé negativa.

Escasseiam religiosos e ateus tranquilos. Tanto a fé como a negação dela são um guarda-chuva poderoso para dores variadas.

Cresce, hoje, um pensamento chamado apateísmo, a indiferença em relação à religião. Não se trata de um ataque ou defesa de Deus, porém um afastamento da experiência religiosa. Funciona com o indivíduo pensando no sagrado como se pensa na política da Mongólia: existe, todavia tenho pouco interesse.

Nunca associei ética à fé ou a sua ausência. Temos ateus e religiosos éticos, bem como violências ligadas aos dois campos. O complicado, ultimamente, não é crer ou não crer em Deus. O difícil é crer no homem. É árduo acreditar em si.

A bênção, padre Fábio

Lancei o livro *Crer ou não crer* no dia 3 de outubro de 2017, em São Paulo. A obra é um debate com o padre Fábio de Melo sobre fé e ateísmo.

Logo após a hora inicial de nossas falas, começaram os autógrafos e as indefectíveis fotos para as 600 pessoas presentes no teatro. Já lancei muitos livros com outros autores e tenho prática em congelar o sorriso por algumas horas, à custa de fundos sulcos bilaterais. Sinto que morrerei como a personagem Coringa do *Batman*, com um sorriso congelado.

Observo muito o mundo e as pessoas, mesmo quando pareço blasé. No evento de lançamento do livro que escrevi com o padre Fábio de Melo, muitas pessoas, ao se aproximarem, pediam bênção para ele. Alguns beijavam a mão ou solicitavam uma oração mais específica. Eu não ouvia, desde minha infância interiorana, pessoas pedindo a bênção a um sacerdote. Supunha hábito escasso e antigo, pouco presente em uma metrópole como São Paulo. Ledo engano: passei quase toda a noite ao lado de um repetido e carinhoso mantra: "A bênção, padre", seguido de um benevolente "Deus te abençoe, meu filho/minha filha".

Sou estudioso de religião e de religiosidades e achei o fato curioso. Tendo com a religião uma relação intelectual, percebi que eu poderia estar perdendo uma ligação com o imenso rio subterrâneo da prática da fé que aflora no pedido de uma bênção. É um verdadeiro aquífero guarani teológico sob o solo que piso.

Os acadêmicos que trabalham com expressões institucionais ou antropológicas da fé observam muitas coisas, mas vivenciam pouco o cotidiano das crenças. A bênção é um desejo, um anseio, um talismã e uma postura de vida.

Lembrei-me da conhecida experiência soviética de reprimir o cristianismo ortodoxo por 70 anos. Igrejas foram demolidas, seminários fechados, publicações confiscadas. Na Polônia socialista, até o controle do papel era uma arma contra a Igreja Católica. Fidel Castro suspendeu o feriado do Natal. Passada a interdição ou a proibição, a religiosidade e as instituições religiosas voltam com força enorme. O aquífero irrompe em gêiseres, como em vasos comunicantes.

Um exame de datação científica do Santo Sudário revelou confecção no século xiv. Logo, o pano de Turim era uma fraude. Debates posteriores lembraram da possibilidade de contaminação por materiais mais recentes, como velas, algo que pode ter alterado por completo o rigor da prova. Suspeito que, se um exame revelasse a etiqueta made in China no sacro pano, em nada abalaria a devoção.

A fé não funciona na chave da prova empírica, pelo menos para a maioria das pessoas. Não é uma prática forense investigativa que anima o romeiro, porém a busca de uma resposta que nenhuma ciência pode lhe fornecer.

A fé é uma gramática de percepção do universo, uma prática, uma resposta a um anseio ancestral de proteção, uma sociabilidade, uma identidade e um hábito. As instituições podem ajudar ou atrapalhar, mas não são as formadoras principais da crença. Tanto intelectuais ateus como teólogos religiosos entendem pouco de povo e de fé. A massa está absolutamente distante das vias de Tomás de Aquino para provar que Deus existe de forma lógica, ou das contestações de Richard Dawkins para provar que qualquer deus é um delírio. Teólogos e intelectuais ateus falam para si, em redomas afastadas do mundo, fazendo estardalhaço pelos seus narcisos.

Ali, nas pessoas que vinham buscar uma foto e um autógrafo, existia também uma demanda que encontrava um presbítero famoso. Talvez o maior debate entre ateu e crente não estivesse no texto ou nas palavras, mas nos homens e mulheres com adereços votivos, escapulários, terços ao pescoço e até uma efígie do padre Reus (jesuíta que morreu com fama de santo em São Leopoldo). Há uma gestualidade e uma vivência corporal da crença, há vetores antigos e fortes que acompanham o público religioso.

Lembrei-me de um episódio ocorrido em Campinas. Fila imensa de autógrafos que se arrastava como uma cáfila no Saara. Uma simpática senhora se aproxima com seu bebê. Fico de pé, pergunto quem vai tirar a foto. A mãe pede apenas que eu coloque a mão sobre a cabeça do filho. Aturdido, pergunto se ela sabe que sou ateu. Ela sorri: "Não importa". Dei a bênção apostólica ateia para a criança, que sorriu. A senhora se retirou agradecida. Fé é tão forte que pode ser obtida de um professor ateu. As coisas são assim. A fé é pródiga em ver coisas que não surgem aos olhos imediatamente.

Sobre quem tem certeza e quem não tem

Em 7 de outubro de 1571, as forças católicas lideradas por D. João de Áustria derrotaram a frota do Império Turco-Otomano. A vitória foi, dizem, pressentida pelo papa São Pio v em Roma, que teria tido a visão e instituiria a festa de Nossa Senhora da Vitória ou do Rosário para celebrar a data.

A Batalha de Lepanto é um enorme *turning-point* da história, daqueles encontros que transformam o mundo após seu desenlace, como o Dia D na Normandia (1944) ou a Batalha de Salamina (480 a.C.). A luta final de Ali Pasha contra a abordagem da nau real de D. João, sua defesa da bandeira otomana que acabaria capturada, o esforço dos cristãos em menor número, porém com convicção de Cruzada, e a vitória da Santa Liga sempre me pareceram bom roteiro para uma representação cinematográfica. No meu roteiro imaginário, o meio-irmão do vitorioso D. João de Áustria, Filipe II, receberia a notícia e ficaria dividido entre a glória espanhola encontrada em Lepanto e o incômodo do brilho do súdito-rival. Ao final, o rei espanhol poderia olhar um mapa e apontar para o reino da ex-cunhada, dizendo: Inglaterra, em breve será sua vez. Haveria também foco no mais famoso ferido da batalha: Miguel de Cervantes, que passou a sonhar com cavaleiros e moinhos. Fim do filme...

Passei uma parte expressiva da minha vida lendo biografias de reis, comandantes, artistas e pessoas notáveis. Gosto de entrar na cabeça das personagens. São Pio V, o da festa do Rosário, era dominicano e foi inquisidor. Considerando seus textos e vida, tenho certeza de que não via apenas a vitória de uma tropa favorável ao seu poder. Sua alegria não era somente por um êxito político-militar, no entanto da Verdade, com letra maiúscula. Ele não pensou "venceu meu projeto", todavia venceu o bem em si, triunfou a Justiça (também maiúscula). Acho que o papa não tinha dúvida do significado daquela vitória. Nossa Senhora ajudou os navios da Santa Liga porque o céu estava ao lado deles. Mais: o outro, o turco, era o mal, o erro, o fim do mundo.

Suponho que, quando um político vence hoje, pelo menos a maioria, ele sabe que seus métodos e ambições são muito próximos dos derrotados. Imagino que, sendo inteligente, ele ainda considere que, na maioria dos casos, ele, candidato vitorioso, é apenas o mais esperto, não o mocinho que venceu o bandido.

São Pio V e Filipe II tinham certeza absoluta de estarem ao lado do bem. Não trabalhavam com relativismo, ou seja, meu adversário tem partes da verdade, pois ninguém a detém – é a versão totalizadora dela. Essa lógica já existia na filosofia de Montaigne, um homem quase contemporâneo dos convictos príncipes católicos de então. Deveria ser escassa em outras cabeças.

O que é o relativismo? Entre outras coisas, ele é algo positivo: eu estou certo e você também pode estar, porque abrimos mão de um critério acima de todos e consideramos que certa subjetividade é possível. O relativista coloca o sujeito como definidor. Assim, se sou heterossexual e você homossexual, cada um de nós busca o seu prazer dentro do seu desejo. Cada um é senhor do seu destino e deve buscar sua própria felicidade. Deixa de existir um certo e um errado exterior ao sujeito. Eu abro mão de narrativas universais. O relativismo anda de mãos dadas com a tolerância e é uma das bases da modernidade.

Existem traços de relativismo na pregação de Jesus. Ele introduz critérios novos ao dizer que não é o valor da contribuição, mas que a viúva pobre, ao dar um único e miserável óbolo, é superior ao rico que oferece o que lhe sobra. O mesmo relativismo choca alguns quando Jesus diz que o samaritano, sendo alguém com identidade duvidosa com o Judaísmo, entendeu o reino de Deus melhor do que o piedoso e ortodoxo fariseu.

O relativismo assusta porque quebra certezas e esgarça fronteiras. Ele é uma das heranças da modernidade em parte vitoriosa no Ocidente. Exemplo: a França interdita véus e a Suíça barra minaretes. Muitas pessoas consideram o gesto intolerante e utilizam argumentos relativistas. O Irã não tem essa dúvida: qualquer mulher que desembarcar em Teerã terá de usar véu, sendo cristã, judia ou ateia. A lógica de lá trabalha com menos relativismo. Em 2016, o presidente iraniano

Rouhani teve encontro diplomático em Roma com o primeiro-ministro Renzi. Os anfitriões cobriram a nudez das estátuas clássicas e não serviram vinho no jantar. Foi uma deferência relativista dos italianos.

Há algo curioso. Outro italiano, o papa Pio v, mandou tapar a nudez de Michelângelo na Sistina. O pintor Volterra fez panos pudicos sobre Cristo e outros seres celestiais. Talvez o presidente do Irã tivesse mais coisas a discutir com o papa da Batalha de Lepanto do que com o contemporâneo Matteo Renzi.

A trajetória usual da tolerância ocidental seria: você não pode beber álcool, então não beba, eu posso e beberei. Você considera o biquíni imoral, logo, não use. Porém, a convivência com a diferença é sempre um desafio. Implica estabilidade psíquica e relativismo antropológico.

Vivemos um momento no qual o relativismo está sendo atacado também dentro das sociedades ocidentais. São Pio v está ressuscitado. Haverá mais força na convicção absoluta ou na tolerância relativista? Essa pergunta está provocando novas ondas pró-Lepanto.

Santos e finados

O dia de Todos os Santos é um feriado importante na França: Toussaint é uma pausa de outono. Nos EUA, é apenas o pós dia das bruxas, já que (findada a libertação) após ter libertado todos os demônios no dia 31 de outubro, Deus libera os santos a primeiro de novembro.

No livro *Santos fortes*, que escrevi em parceria com o professor Luiz Estevam de Oliveira Fernandes, identificamos alguns dos santos que marcam a religiosidade tradicional do Brasil. Nele, tratamos dos grandes santos da veneração brasileira, como São Francisco, Santo Antônio, São Longuinho, São Judas Tadeu, Santo Expedito, São Jorge, São Sebastião, Santa Bárbara, São João Batista e, claro, Nossa Senhora Aparecida.

Também analisamos alguns santos que não são oficiais, mas encontram grande apelo popular, como o padre Cícero.

Mas o que é um santo e por que são tão presentes nas vidas de tantos de nós? Os santos são finados famosos, mortos na Terra e imortais na glória celeste. Seus poderes de intercessão, defendidos por ramos cristãos, como o catolicismo ou os ortodoxos (gregos, russos etc.), são algo também muito pessoal. Se o santo atende a meu pedido, pulo, imprimo santinhos, rezo, pago penitência. Por outro lado, ai do santo se me ignorar! Viro-o de cabeça para baixo e puno sua imagem como magia primitiva.

Ao dia de Todos os Santos, sucede o de Finados por lógica religiosa. O santo pode ser um morto famoso. A maioria será defunto anônimo. No entanto, o nosso destino inequívoco é o mesmo: alguma tumba.

Ter um dia de Finados parece lógico, certo? Mas é algo novo. Os romanos antigos fugiam das catacumbas. As leis da cidade eterna proibiam que alguém fosse queimado dentro de Roma. Júlio César foi uma notável exceção.

No século XIX, aumentou o hábito de ir a cemitérios. As famílias criaram vínculos com os túmulos. No filme *Volver*, de Almodóvar, a primeira cena mostra mulheres em cemitérios limpando as tumbas dos entes queridos. É um hábito em extinção. Os jovens, na sua grande maioria, não desenvolvem ritos funerários ou devoção a túmulos. Isso, somada a uma medicalização/higienização da morte, pode nos levar ao abandono de nossos campos santos no futuro. Virarão praças?

Não apenas os cemitérios correm risco de desaparecer. Pergunte a seus filhos ou netos o nome dos bisavós e, provavelmente, poucos saberão. Em mundo de selfies e memórias na nuvem, as fotos antigas em preto e branco com imagens familiares tendem a receber pouca atenção. Tirando pessoas como o duque de Cambridge, herdeiro do trono do Reino Unido, quem pode identificar muitas gerações da sua família?

É curioso supor que não apenas desaparece o hábito de cuidar de tumbas, mas some o próprio interesse pelos mortos. No livro extraordinário de Erico Verissimo, os mortos de uma cidade voltam a público para reclamar o descuido com seus corpos (*Incidente em Antares*). Fantasmas, na tradição popular, aparecem quando há crimes irresolutos ou algo que deve ser revelado.

Já tivemos civilizações fúnebres como a egípcia. O esforço da sociedade às margens do Nilo era concentrado em suntuosas construções voltadas ao outro mundo, à preservação do físico para a tranquilidade do Ka, o duplo, algo que, *grosso modo* e de forma limitada, pode ser entendido como alma. Pirâmides, mastabas, hipogeus, livro dos mortos, imagens e oferendas constituíam um sistema voltado à eternidade. A crença atingia a mumificação de gatos, do touro Ápis e de crocodilos.

Houve civilizações com pouca atenção ao destino do corpo. Era o caso da Pérsia após a vitória do zoroastrismo. Deixados em "torres de silêncio", os cadáveres eram abandonados a aves de rapina. Havia vida após a morte, mas a materialidade humana era irrelevante para obtê-la.

O México é um caso à parte. Cruzando ritos pré-hispânicos com influências cristãs, o Día de los Muertos é uma festa. Passei a data em Oaxaca, certa feita. Piqueniques em cemitérios, bombons com caveiras de chocolate, altares com fotos dos falecidos e tudo o que apreciavam em vida. A atividade nos cemitérios é intensa e crianças brincam em meio a jazigos. O México é uma exceção cultural.

Podemos descobrir muito sobre nossa civilização avaliando a indiferença dos jovens ocidentais aos ritos fúnebres e à memória genealógica. "Eu não gosto de enterros", confessou-me um adolescente da família. Pensei comigo: quem gosta? O futuro está incerto para vivos e mortos.

Os nove convidados do Natal

A maior festa do Ocidente é o Natal. Existem pessoas que, como eu, adoram o período, mesmo não sendo religiosas. Há os que ficam deprimidos e apresentam até raiva diante da data. Provavelmente, são os que mais dão importância à noite de hoje, pois sua ira demonstra uma falta, uma resistência, algo que move o mundo interior. Cheguei a encontrar uma pessoa que, toda noite do dia 24 de dezembro, ia até o túmulo da mãe e ficava sobre ele. Disse-lhe: das pessoas que conheço, você é a que mais valoriza o Natal. Nunca conheci alguém indiferente. A data de hoje é como o anúncio dos Borg em *Star Trek*: resistir é inútil...

O Natal envolve nove personagens. Cada uma tem um significado nos presépios de nossos lares. A primeira é o aniversariante, causa da festa. É um menino e, como toda criança, tem o dever de zerar o mau humor e restaurar a esperança. Sim, você, adulto como eu, tem o direito ao azedume e ao descrédito. Nossa biografia e nossos erros possibilitam a consciência de que não valemos a pena mesmo. Crianças surgem como tábula rasa, um novo caderno aguardando a escrita. O menino da manjedoura, como toda criança, proclama que o mundo recomeça com ele.

A segunda personagem é Maria, mãe e mulher. Jovem adolescente ainda, vive o incômodo de uma gestação, pouco dinheiro, acomodação improvisada e ter de cumprir uma ordem governamental sobre um recenseamento. Para teólogos, crendo ela gerou quem a criou. Para outros, é o mais próximo que teremos de amor incondicional: a mãe que aposta em carregar um ser por nove meses e faz o milagre do nascimento. A esperança é o menino e o amor extraordinário é a mulher-mãe. Todos fomos bebês; algumas foram mães, qualquer um pode voltar a ter esperança.

A terceira personagem é José, o carpinteiro. Sente-se protetor de um mistério que o transcende e o excede. Aceita a gravidez sem causa como aceitará o exílio com a pequena e sagrada família. Traz o trabalho, a proteção, a missão de apoio e a vocação de entrega. É homem capaz de ouvir a intuição de sonhos. Aceita ser testemunha e controlar a vaidade. Como cantava Georges Moustaki, foi você, José, quem escolheu Maria e seu filho de tão estranhas ideias.

A quarta personagem é, na realidade, um grupo de gente simples: pastores. Interrompem o trabalho e fazem uma pausa teológica. São os primeiros a saber do primeiro Natal. São pobres e testemunhas. Receberam uma mensagem da quinta personagem: o grupo de anjos que proclama glória a Deus nas alturas e paz na Terra para os homens de boa vontade. A Bíblia desconfia um pouco de agricultores e exalta pastores, desde Caim e Abel. No topo dos seres criados e na base da pirâmide social há alegria pelo ocorrido. Do mais alto ao mais baixo, o mistério do Deus-menino exalta a noite fria e significativa. A manjedoura celebra a vida e integra seres humanos e mensageiros divinos.

A sexta personagem simboliza a humanidade. São sábios, magos, posteriormente tornados três reis. Na tradição medieval, um é branco, outro, negro e o terceiro parece mais oriental. Grão Vasco, no começo do século XVI, pôs um índio no lugar desse último. Traduzem a boa-nova para todos, a novidade de um Salvador. Carregam três presentes simbólicos para o menino e para nós: ouro porque ele e nós podemos ser reis; mirra porque todos morreremos e este é o produto para acompanhar o defunto. Por fim, trazem incenso porque o menino é Deus. Baltazar, Melquior e Gaspar são nossos procuradores. A epifania é humana e divina.

A sétima personagem é outro grupo. Nada falam, apenas aquecem o infante. São vacas e burros próximos ao berço improvisado. Também há ovelhas trazidas pelo grupo da quarta personagem. Depois despontam camelos, dromedários, associados à viagem dos sábios reis. São convidados úteis e silenciosos. Integram a natureza e os animais à noite que Jesus escolheu. Foram criados antes dos homens e existem há mais tempo. Toda vida celebra a Vida.

A oitava personagem é má. Representa o poder ressentido, o medo corrupto e invejoso. Trata-se de Herodes, que não se aproxima da cena, mas ronda o presépio. O puro amor de Jesus, Maria e José, a simplicidade dos pastores, a humildade angelical, a busca de sabedoria dos magos e a ação generosa dos animais devem encontrar o plano político e a violência. Como hoje, o Estado corrupto mata crianças e só se preocupa consigo. Os primeiros a morrerem por Jesus serão os santos inocentes assassinados pelo medo do tirano.

A nona personagem é das mais interessantes. Quando você olha um quadro como a *Adoração dos Magos*, de Leonardo da Vinci ou quando visita o extraordinário presépio napolitano do Museu de Arte Sacra de São Paulo, ela está lá, a personagem não retratada: nós. Somos a testemunha invisível da cena descrita em Lucas. Somos a plateia-alvo da cena e da missão do menino. Somos a nona personagem que pode aprender com José, com Maria ou até com Herodes. Podemos ter a humildade do menino sobre a palha ou a maldade dos soldados executando inocentes. Somos parte do drama e temos escolha sempre.

Hoje terei o primeiro Natal sem minha mãe. Foi ela que me ensinou o amor à festa. Passo adiante o que recebi com tanta generosidade. Boas festas para todos os filhos e para todas as mães e que, ao menos nesta noite feliz, haja paz na Terra. Como eu disse no ano passado, ninguém é obrigado a ser feliz hoje. Igualmente, ninguém é obrigado a ficar deprimido. Que as crianças nos eduquem e nos permitam ter esperança. Feliz Natal!

PARTE SETE
A música do mundo

A vida do som e o som da vida

Atenção, pais e educadores: música não é um deleite ocioso de aristocratas. Música é parte da formação da cidadania e elemento estruturante do pensamento. Aprender sobre notas e melodias não é detalhe ou firula de formação. Sem música não é possível construir pessoas equilibradas e inteligentes. Alfabetizou seu filho nas letras? Fundamental. Parabéns! Falta alfabetizá-lo em duas linguagens extraordinárias: a musical e a artística. Ler letras é parte das habilidades essenciais para existir no mundo. Ler sons e imagens constitui outras facetas do equilíbrio do homem pleno.

Há famílias de estilo dos Von Trapp da *Noviça rebelde* (*The Sound of Music*).

Nasceram cantando e tocando. O filme dá uma resposta a uma questão importante: como começar a educação musical de alguém? A doce Maria toca ao violão a música para ensinar notas e alegria. Cada nota é associada a uma ideia boa. Acima de tudo, o começo deve ser a sedução da alegria.

Qual instrumento? Difícil responder. Flauta doce é boa para iniciação musical. Canto é excelente. Mas, antes de tocar ou cantar, a criança deve ouvir. Ouvir boas músicas com os pais. O lúdico atrai. O "Carnaval dos animais", de Camille Saint-Saëns, ajuda muito.

Colocar a música para a criança e pedir que ela adivinhe qual animal está sendo descrito. Sinestesia pura! Oferecer imagens de animais e pedir que a criança encontre o cisne, o leão, o elefante, os fósseis enquanto ouve. Um pai, uma mãe ou um educador dedicando tempo a uma criança será uma lição inesquecível. Funciona também com o "Trenzinho caipira", de Villa-Lobos. Melodias fáceis e marcantes como as de Mozart são bons começos.

Até aqui citei música erudita. Seria um erro supor que a educação musical só tenha esse recorte. Música existe em planos muito mais amplos. Cantigas de roda seduzem crianças. Nossa MPB está repleta de criações para seduzir crianças e jovens. O samba, com seu compasso marcado, traz um pouco do ritmo do coração ao nosso ouvido, o primeiro som que ouvimos ainda no útero materno.

Temos poucas ofertas, mas um concerto didático para crianças é um privilégio imperdível. Se alguém explica ao público como funciona cada instrumento, como tocam individualmente e como dialogam em conjunto, verá olhos brilhantes acompanhando a explicação.

Aprender música estimula a concentração. No início, alguns minutos e, pouco a pouco, aumentando o tempo de estudo. Nosso crescente déficit de atenção (estimulado pela tecnologia) pode ser atenuado com a música. Atribuo grande parte da minha capacidade de concentração na leitura aos anos de piano. Tocar uma invenção a três vozes de Bach, marcando cada nova melodia e sua entrada, mudou minha maneira de perceber um texto também. Sem Bach não conseguiria entender padre Vieira.

Aprender música estimula a combinação de muitas coisas entre os dois hemisférios do cérebro. Música implica matemática e pensamento lógico de compasso. Música estimula concentração. Tocar algo traduz emoção e sensibilidade. Para executar uma partitura, demanda-se coordenação motora envolvendo mão esquerda e direita, olhar, movimentos de braço e, dependendo do instrumento, boca e pernas. O corpo fala com o instrumento, o cérebro se envolve, a consciência dança e você se alegra e se expressa. A música transforma.

Multiplicar as fontes garante uma chance de influência. Caixinhas de música hipnotizam crianças. Escutar junto reforça o aprendizado. Quando possível, ter instrumentos musicais em casa. Levar a concertos. Cantar muito. Deixar claro que há músicas tristes, alegres, dançantes, selvagens, elegíacas, sensuais: a música está em todos os matizes da alma humana. Música para rir e para chorar, música para celebrar e para se recolher. Sons que me abrem para o mundo e, por vezes, música que impede que eu fique devassado pelos ruídos excessivos dos outros. Podemos estar com o carro da vida veloz ou lento, as notas sempre asfaltarão a estrada.

A diferença entre remédio e veneno está na dose. Velho e fundamental preceito médico. Leve uma criança a uma ópera de Wagner em alemão por cinco horas com uma valquíria de capacete com chifres cavalgando e você terá estimulado um *musical-hater* infantil. Você conhece seu filho ou seu aluno.

Quer introduzir ópera? Uma ária explicada previamente e curta pode ser uma chance. Que tal o belíssimo coro do "Va pensiero" da ópera *Nabuco*, de Verdi? Fala de saudade e de vontade de voltar para casa. Mais vibrante? Indico o canto cheio de ódio da Rainha da Noite na *Flauta mágica*, de Mozart (*Der Hölle Rache*). Romântico e lúdico? Que tal cenas do *Quebra-nozes*, de Tchaikovsky? Cinco minutos, sem peso formal de aula, alegres e analisando o efeito. Os olhos da criança dirão se é hora de mudar, adensar ou tornar mais leve o remédio.

Mostre os estilos variados. Não trabalhe com preconceito musical. Poucas coisas são tão vibrantes como uma bateria de escola de samba entrando na avenida. A voz de Elis Regina comove até as pedras. O coro final da *Nona sinfonia*, de Beethoven, é de parar o planeta. Um venerando senhor marcando o compasso numa caixinha de fósforos, como um dia vi na Lapa, no Rio de Janeiro, é algo hipnótico. O mundo é cheio de "som e de fúria". Privar seu filho disso tudo é condená-lo a uma surdez estranha e a uma deficiência deliberada. Ele precisa ouvir para viver mais e ser feliz!

Santa Cecília e o governador Alckmin

Caro governador: Bom dia! Ainda não tive o prazer de um encontro pessoal com o senhor. Sei que é uma pessoa muito católica e, como tal, deve saber que 22 de novembro é o dia de Santa Cecília, padroeira dos músicos e da música. A mártir é alvo de antigo e piedoso culto, decapitada jovem e bela na defesa da fé. A estátua de Stefano Maderno (igreja de Santa Cecília em Trastevere) registra a redescoberta miraculosa do corpo da virgem com o pescoço cortado pelo carrasco pagão e os dedos indicando a Trindade.

Queria narrar minha experiência em São Paulo. Tal como o senhor, não nasci aqui. Tal como o senhor, tornei-me um paulistano afetivo e com vínculos orgânicos com a cidade fundada por outro santo, José de Anchieta. Amo São Paulo apaixonadamente e, como já escrevi no *Estadão*, lar é o lugar do qual não conseguimos mais nos mudar. São Paulo é o meu lar.

A santa musical me remete a um dos polos do meu amor paulistano: a Sala São Paulo. Há anos sou assinante dos concertos da Osesp. Estar naquele espaço e partilhar do que nele ocorre é algo extraordinário. A cidade de São Paulo tem trânsito complexo e nem sempre o ar é alpino. Porém, com todos os males de uma megalópole, nós temos a Osesp. Sim, eu poderia ir para uma aldeia bucólica com oxigênio pleno e ruas tranquilas, porém teria de abrir mão dos concertos. Prefiro morrer respirando cultura com fumaça a dar aos meus alvéolos a alforria ao custo do afastamento da vida cultural. É uma escolha consciente e feliz. O bônus tem compensado o ônus.

O senhor deve saber bastante sobre a Fundação Osesp e a Sala São Paulo. Eu aprendi um pouco ao longo dos anos. A Osesp nasceu em 1954, *annus mirabilis* do quarto centenário da nossa urbe bandeirante. Até hoje, do Ibirapuera à Orquestra, colhemos os benefícios daquela geração empreendedora que fez do aniversário da cidade um presente para as gerações futuras.

A Orquestra Sinfônica do Estado de São Paulo tem 108 músicos, 48 cantores no coro, uma Academia com 20 instrumentistas, 20 cantores e 4 alunos de regência. Para assinantes como eu (tenho três assinaturas), há 32 semanas de espetáculos diferentes, além da pré-temporada, concertos matinais, concertos de câmara e corais. A regente Marin Alsop é uma referência internacional. A rede CNN a classificou como uma das sete mulheres de destaque no mundo. O nível dos solistas chega a atordoar. A orquestra e a sala em si estariam bem em qualquer grande centro cosmopolita. O esforço feito para chegar ao ponto atual é épico e emocionante.

Quero falar de outra alegria, governador. Sou professor e testemunho com alegria as visitas de crianças (20 mil todos os anos) e colegas (900). Isso sempre emociona.

A Fundação Osesp administra 300 funcionários com um orçamento pequeno para a importância que tem. Menos de 50% do dinheiro daquela fábrica de belezas é do governo do Estado, o resto vem de patrocínios e ingressos. Quase 400 mil pessoas têm acesso gratuito todos os anos aos concertos, e as transmissões da nossa TV Cultura ampliam o público para 5 milhões.

Já assisti naquela sala a dezenas de estreias mundiais de peças. Compro CDs gravados lá e acompanho o festival de Campos do Jordão, desde 2012 a cargo da Fundação. Do festival surgem novos talentos que fertilizam nosso futuro musical. Muitos jovens localizam no espaço da Mantiqueira a grande virada da sua carreira. É algo forte.

Um crítico apontará: ufanismo imbricado com provincianismo! Entre 2012 e 2016, a Osesp fez apresentações no famoso festival BBC Proms de Londres e tocou em espaços sacratíssimos da música como a Filarmônica de Berlim e a sala Pleyel de Paris. A Osesp já esteve no Festival de Salzburgo e no Royal Festival Hall de Londres. Uma revista especializada como a *Diapason* da França afirmou que nossa Osesp era a "glória sinfônica da América Latina". Não sou eu que amo a Osesp, dr. Geraldo Alckmin, é o mundo e a crítica erudita do planeta Terra.

A Osesp sofreu, como todas as instituições, com a crise e a diminuição de repasses. Todos sabemos que o momento era difícil. Queria apenas reforçar: uma instituição do porte e da importância da Osesp não é uma fábrica de tijolos que possa ser colocada em *stand by* e reerguida em momento mais propício. Arte não pode ser suspensa até segunda ordem. A orquestra é viva, cresce, influencia muita gente, atende escolas públicas, melhora a cidade de São Paulo, glorifica o Estado e é uma joia extraordinária no Brasil. A Osesp é imprescindível para São Paulo!

Caro governador: sendo médico, o senhor sabe que a formação é um processo árduo e lento, que implica políticas de longo prazo. Como administrador do mais rico Estado do país, o senhor está consciente de que temos de tomar decisões políticas e distinguir o que é substantivo do que é adjetivo. A Osesp necessita da máxima atenção: ela é maior do que todos nós. A orquestra é um patrimônio público intocável.

Encerro com um duplo apelo. O primeiro: olhe com carinho muito especial pela Osesp e por tudo que ela representa. Imite a geração de 1954, que mirou além do horizonte imediato e fez história. Cultura não é gasto, é investimento. Sem ela não vale a pena atravessar dificuldades. Segundo apelo: venha mais vezes aos concertos. Literalmente: a casa é sua... Todos sabem da agenda atribulada de um governador, porém a música pode ajudá-lo a enfrentar o dia a dia e sedimentar decisões tranquilas. São Paulo é trabalho e é cultura. A Osesp é um imenso trabalho a favor da cultura. Cuide dela com atenção redobrada. Santa Cecília está de olho e eu também, bem como todos os milhões de agraciados com o esforço daquele grupo extraordinário de artistas. Parabéns a todos que fazem música no mundo!

EPÍLOGO:
Réquiem

Minha mãe morreu. Repito a frase de Mersault sem a indiferença da personagem de Camus. Pelo contrário. O redemoinho de emoções foi inédito na minha vida. Uma dor psíquica e física, um encolhimento da percepção do mundo e fechamento em torno de uma cela de chumbo.

Eu havia sofrido muito, em 2010, com a partida do meu pai. Meu coração sangrou por anos. O tempo fez a dor sair da posição de protagonista e aninhar-se nos bastidores. Ainda choro, especialmente quando leio uma carta dele ou vejo uma foto. Hoje meu pai dialoga comigo no silêncio e, de quando em vez, até sorrio pelas memórias.

A data do falecimento dele era o horizonte maior da minha possibilidade trágica. O gráfico acaba de se ampliar. Meu coração sangrou naquele dezembro de 2010. Agora perdi minha mãe. Parece que perdi o coração, que ele foi enterrado, que o próprio ato de sentir estava ligado a ela.

Revivo sensações antigas. Perder pais nos torna mais velhos. É, de fato, o início da vida adulta. Acabo de ficar órfão total. Não ser mais filho muda nossa posição na ordem do mundo. A fila andou. A quem recorrer com a certeza do amor incondicional?

Explico melhor. Nunca tive qualquer medo de morrer. Testei o princípio muitas vezes em acidentes e situações de risco. Parece-me natural encerrar a vida como ser biológico que sou. Um dia, meu diligente bisavô faleceu. Era um homem trabalhador e muito respeitado. Estudei-o na árvore genealógica da família, mas seu passamento há 85 anos não deixou rastros fora de arquivos e lápides.

Sei que a morte da minha mãe, a minha ou de qualquer pessoa passará por completo. Sempre entendi e aceitei o rito de Quarta-feira de Cinzas: sou pó e ao pó retornarei. Diria até que me conforta não ser imortal e, um dia, cansado, encerrar o combate. Já escrevi que a beleza da flor natural é seu caráter efêmero. A fealdade da rosa de plástico está na sua durabilidade e em sua tentativa de emular a vida pulsante. A flor artificial é um pastiche, pobre coitada. A vida eterna seria insuportável. Nunca tive medo da morte. Lembrando o bom Epicuro, preciso honestamente viver e honestamente morrer. De resto, nunca encontrarei a morte: enquanto eu for, ela não será, quando ela surgir eu deixarei de ser, dizia o filósofo em carta a Meneceu.

Sobre o que choro? A viagem no trem da vida está ficando com menos passageiros conhecidos. Os que embarcaram na mesma estação estão partindo. Os Karnais que vieram ao mundo na década de 1990 ou no século em curso têm sobrenome, genética, olhos, idiossincrasias e outras coisas absolutamente da família. Porém, pertencem a outro mundo, com outra história, e apresentam um futuro distinto. São hoje o que fui para meus tios e avós: sangue e sobrenome, mas extrato de outra cepa e broto de outra rama. Os jovens trazem vida, porém outra vida, desconhecida e nova, desligada dos liames geracionais da minha.

Reclamo dos lugares vazios no comboio biográfico. Sinto a força do nada que se amplia. Nunca mais abraçar minha mãe. Nunca mais! Que ideia avassaladora! O corvo de Poe abre a asa fúnebre da memória. O lugar dela à cabeceira da sala de jantar para sempre reclamará a ocupante usual. Parece que continuo a apresentar uma peça em um imenso palco e a cada ano sai alguém do elenco.

Tudo remete à memória dela. Escrevo este texto em uma cadeira de avião. Aos 4 anos, voei pela primeira vez, no colo de dona Jacyr. Lembro-me perfeitamente da cena e tudo parecia seguro porque os olhos azuis de minha mãe sorriam. Antes, nada poderia me atingir, agora tudo pode. Fragilizei-me. Diminuí.

Quando as doenças tomaram minha mãe, nós a cercamos de cuidados intensos como ela sempre prodigalizara a todos. Os últimos anos foram felizes, entremeados pelo lobo sorrateiro da fragilidade física. Todos os sonhos foram cumpridos. Todos os destinos foram visitados. Como muitas mães, ela viu os filhos crescerem e acompanhou, emocionada, a chegada dos netos. Ela saiu deste mundo tendo experimentado a felicidade.

A lição é sempre a mesma: faça com seus pais em vida o que você deseja. Não aumente a dor da morte com a pungência do remorso. Só temos tempo hoje. Depois passa. Consegui dizer infinitas vezes que a amava. Alegro-me de ter demonstrado com meu coração, meu cérebro, meu tempo e minha carteira que ela era fundamental. Sem ao menos esse consolo, seria insuportável o momento. Na UTI, faltando poucas horas para o fim, pude enunciar as únicas coisas importantes: dizer obrigado e que eu também a amava.

 Esta é uma coluna melancólica. Não poderia escrever outra agora. Sempre soube que o luto seria intenso porque celebrava o vivido entre nós. A dor da perda é a alegria da vida com sinal trocado. Muito amor gera também ausência que punge. Pior seria não ter amor a perder e nenhuma lembrança a celebrar. Nós superaremos a trilha escura porque dona Jacyr Karnal criou filhos fortes. Nós continuaremos a andar no mundo. O sol surgirá sempre, indiferente a nossas tragédias pessoais. A noite cobrirá o que nos é caro. Entre um crepúsculo e outro, vivi o privilégio de ter minha mãe.

 O desejo tradicional é equivocado: os mortos sempre repousam em paz. Nada mais os aflige. A paz é uma luta para os vivos. Espero reencontrar a minha. Obrigado a todos os leitores. Vocês me ajudam muito a manter meu equilíbrio.

O autor

Leandro Karnal, historiador de formação e professor apaixonado, tornou-se conhecido do grande público pela internet e televisão. Karnal expandiu-se para além das salas da Unicamp e, neste livro pela Contexto, mostra a sua visão de mundo sobre muitos temas. Pela Contexto, publicou também como autor, coautor ou organizador: *Diálogo de culturas* (primeira compilação de crônicas do *Estadão*), *Estados Unidos: a formação da nação, História da cidadania, As religiões que o mundo esqueceu, O historiador e suas fontes, História na sala de aula, História dos Estados Unidos, Conversas com um jovem professor, O Brasil no Contexto: 1987-2017.*

GRÁFICA PAYM
Tel. [11] 4392-3344
paym@graficapaym.com.br